스마트오피스
레볼루션

판이 바뀌는 4차 산업혁명 시대, 스마트오피스로 새판을 선점하라!

스마트오피스 레볼루션

초판 1쇄 발행 2021년 11월 4일
초판 3쇄 발행 2021년 11월 19일

지은이 김한

발행인 백유미 조영석

발행처 (주)라온아시아
주소 서울특별시 서초구 효령로 34길 4, 프린스효령빌딩 5F

등록 2016년 7월 5일 제 2016-000141호
전화 070-7600-8230   **팩스** 070-4754-2473

값 15,800원
ISBN 979-11-92072-01-2 (04320)

라온북은 독자 여러분의 소중한 원고를 기다리고 있습니다. (raonbook@raonasia.co.kr)

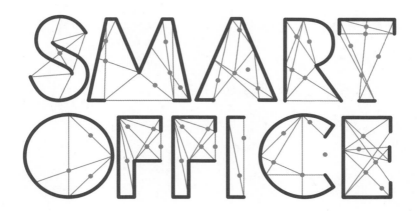

SMART OFFICE

스마트오피스
레볼루션

김한 지음

RAON
BOOK

10년 후에도
우리 회사가 존재할까?

지난 1년간 나는 코로나 이후의 세상에 대한 궁금증에 미쳐 있었다. 그리고 100여 년 전 스페인 독감 이후 급격한 성장을 한 당시의 유럽과 미국의 상황을 보면서 앞으로의 10년이 그와 비슷할 거라는 확신을 하게 되었다.

3년 후, 5년 후, 10년 후 기업의 오피스 환경과 일문화는 완전히 달라져 있을 것이다. 당신이 지금과 같은 사무 환경에서 비슷한 방식으로 일하고 있다면 사양산업에 속한 회사에서 일하고 있다는 방증이다. 비전이 없는 기업인 것이다.

2022년부터 본격적으로 포스트 코로나 시대가 열리면 세계 곳곳에서 혁신적인 비즈니스가 더 빠르게 탄생하고, 반대로 20세기의 낡은 비즈니스는 무너질 것이다.

현재의 비즈니스를 고수할 것인가? 아니면 새로운 시대의 개척자가 될 것인가? 지금 우리는 선택의 기로에 서 있다. 여전히 그 답은 우리 안에, 그리고 사람들 안에 있다.

　이 책은 포스트 코로나 시대에 빠르게 진행될 디지털 트랜스포메이션을 맞아 기업이 살아남기 위해서 '왜 스마트오피스를 도입해야 하는지', '왜 5%의 스마트피플이 모여들게 해야 하는지', '스마트오피스가 뭔지', '지금까지의 스마트오피스는 가짜인 이유', '스마트오피스를 어떻게 도입해야 하는지'를 질문하고 함께 통찰해나가는 책이다. 그동안 이런 관점으로 스마트오피스에 접근한 서적이 없다. 특히 포스트 코로나 시대 스마트오피스의 중요성을 말하는 책은 더더욱 없다. 물론 스마트오피스를 공간으로 규정하고 공간을 나누고 활용하는 지식을 소개한 책들은 많이 나와 있다. 하지만 그것은 전부가 아니고 부분일 뿐이다. 스마트오피스는 눈에 보이는 공간을 바꾸는 것만을 의미하지 않는다. 이 책에서 우리가 주목하는 것은 '스마트 공간과 스마트피플, 그리고 팀 문화'의 힘이다.

　다양한 기업의 공간을 컨설팅하고 구축하면서 좋은 공간에는 좋은 사람들이 모여든다는 것을 알게 되었다. 오피스 공간이 '좋다'는 것은 단순히 미적으로 아름답다거나 IT 기술을 집약했다는 것만을 뜻하지 않는다. 핵심은 기업의 공간적 특성이 '생산성'을 극대화할 수 있느냐이다.

　좋은 사람의 개념 또한 마찬가지다. 비즈니스 현장에서 '좋은 사람'이란 성격이 좋거나 도덕적으로 훌륭한 사람을 가리키는 것이 아니다. 전략적으로 문제를 해결하는 사람, 즉 극대화된 생산성을 가진 사람을 뜻한다. 좋은 공간과 사람, 즉 생산성을 가진 공간과 사람을 알아볼 수 있는 밝은 눈을 가지기 위해서 우리는 먼저 지금의 시대에 대해 날카롭게 통찰할 필요가 있다.

'포스트 코로나', '기하급수', '로봇과 AI'의 키워드로 대표되는 현 시대를 어떻게 해석하고 선도할 것인가. 그리고 그것을 실현하기 위해 사람과 공간, 조직문화와 신기술을 어떤 방식으로 혁신시킬 것인가.

하지만 아무리 밝은 눈과 좋은 비전, 전략을 가진 기업이라도 조직 구성원들의 행동과 생각이 변하지 않는다면 혁신은 일어나지 않는다. 우리는 공간의 변화가 구성원을 더 효과적으로 변화시킬 수 있다는 사실을 알고 있다. 교육과 회의만으로는 변화의 속도가 늦다. 어쩌면 변하지 않을지도 모른다. 하지만 사람을 이해하는 마음으로 공간을 변화시키면 결과는 달라질 것이다. 신비롭게도 사람을 담아내는 '틀'이 자연스럽게 최선의 형태로 바뀌고 그 안에서 자발적인 변화의 힘들이 생겨난다.

스마트오피스는 무한한 잠재력으로 '혁신의 마법'을 보여줄 것이다. 현재 기업의 규모는 중요하지 않다. 그것에 따라 스마트오피스의 가치가 달라지는 것은 아니다. 공간과 사람의 관계를 이해하고 적용하는 것이 무엇보다 중요하다. 새로운 시대에는 새로운 패러다임으로 미래를 준비하는 기업이 시대를 이끌며 역사를 새로 쓰게 될 것이다.

이 책을 통해 그동안 머뭇거리다 비로소 의지를 갖고 움직여보려는 기업들이 생긴다면 그것만으로 충분히 만족스럽다. 이제 나

머지는 새로운 길, 아직 가본 적 없는 미지의 길을 먼저 개척하는 자의 몫이다. 시대는 변할 것이며 시간이 그리 많지 않다. 이제 스마트오피스가 가지고 있는 '혁신의 비밀'을 함께 풀어보자.

김한

Part 1

포스트 코로나와 스마트오피스

 판이 바뀌는
기하급수의 시대가 열렸다

10배 기업을 만드는
스마트오피스 레볼루션

하드워커를 스마트워커로
바꾸는 스마트오피스

Part 2

어떻게 스마트오피스를 실현할 것인가?

스마트피플이
모여들게 하라

스마트피플의
일문화를 구축하라

스마트 공간을 구축하라

로봇(AI)과 함께 일하는 조직문화를 구축하라

SMART
OFFICE

Part 1

포스트 코로나와
스마트오피스

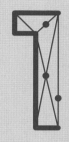

CHAPTER

판이 바뀌는
기하급수의 시대가 열렸다

포스트 코로나,
어제의 세계는 잊어버려라

새판은 이미 시작되었다, 어제의 세계를 떠나라!

혼란스러운 시기다. 일반적인 생각으로는 4차산업 시대와 포스트 코로나 대응 전략을 세우기 어렵다. 널뛰는 비트코인의 가치와 가격 변화의 속도를 보면 현재의 시대를 보는 것 같다. 지금이라도 사야 하나 말아야 하나, 비트코인이 8억 분의 1까지 쪼개진다던데 어쩌지, 이런 생각이 한 번쯤은 뇌를 스치고 지나간다. 가상화폐, 블록체인, 빅데이터, 증강현실, 플랫폼 사업, 인공지능 등은 우리가 한 번 이상 들어본 4차산업의 기술들이다. 아직도 이런 기술을 어떻게 우리 사업에 접목할지 고민스럽지만 말이다.

코로나19가 지난 10년간 진행되어 온 4차 산업혁명을 10년 앞당겼다고 사람들은 이구동성으로 말한다. 하지만 대다수의 사람들은 실감하지 못한다. 일터의 상황도 다르지 않다. 새로운 시대가 이미 우리 앞에 와 있지만 조직의 일문화는 여전히 제자리걸음이고 재택근무로 비어 있는 직원들의 책상 수만큼 혼란스럽기만 하다. 단지 코로나19의 종식을 기다리며 지쳐만 간다. 여전히 어떤 돌파구를 찾아야 할지 판단이 서지 않는다.

그래도 한 가지는 확실히 말할 수 있다. 판이 바뀌고 있다는 것, 새판이 시작되었다는 것, 지금까지의 지식과 경험과 상식으로 대응할 수 없는 새판이 벌어지고 있다는 것이다. 판이 바뀔 때는 항상 위기와 기회가 공존한다. 기존의 판을 고수하는 것은 위기를 자초하는 것이다. 성장 곡선이 내리막을 타고 있고 거기서 살아남기 위한 무한경쟁의 게임에는 승자가 없다. 결국에는 도태된다.

반면 새판은 기회의 장이다. 새로운 게임을 하려면 그 게임의 룰을 먼저 이해해야 한다. 처음 몇 번은 질 수 있지만 노하우가 생기면서 기회를 누릴 수 있는 상황이 주어진다. 그동안 산술 성장 시대의 판이었다면 새판은 기하급수 성장의 시대다. 4차산업을 주도하고 있는 구글, 아마존, 페이스북 등의 성장 속도를 보면 조금 이해가 된다. 비트코인의 기하급수적 호가는 무엇을 의미하는가? 4차산업이 성장 곡선의 어디쯤에 있는가? 일부 학자들은 4차산업의 본 게임은 시작도 하지 않았고 아직 오픈 세리머니 정도라고 한다.

스마트피플을 확보하라

코로나19로 인해 언택트에 엄청난 속도가 붙었다. 이 속도에 적응하지 못한 개인과 기업은 빠르게 사라질 것이다. 그럼에도 대다수의 사람들은 이 변화에 잘 적응하지 못하고 있다. 여전히 20세기의 프레임과 방식으로 대응하고 있다. 어쩌면 당연한 일인지도 모른다. 인간은 관성과 습관에 기대 살아가기 때문이다. 하지만 지금 우리에게는 과거의 것을 과감히 버리는 결단이 필요하다. 그렇다면 이 시대를 현명하게 돌파하기 위해 첫 번째로 해야 할 일은 무엇일까?

잠깐 옛날이야기를 해보자. 중국의 춘추전국시대 한나라 400년의 쇠퇴기에 벌어진 천하 영웅들의 전쟁은 누가 판을 제대로 읽고 유리한 고지를 점유하는가에 따라 좌우되는 격정의 싸움이었다. 전체의 승부에서 가장 핵심은 인재를 확보하는 것이다. 덕장 유비가 제갈공명을 얻기 위해 삼고초려(三顧草廬)를 했다는 것은 누구나 아는 이야기다. 《삼국지》는 몇천 년이 지난 지금도 인재 등용과 인재 활용이 얼마나 중요한지에 대한 교훈을 준다. 지금의 시대도 이와 크게 다르지 않다. 새판을 이끌기 위해서는 뭘 좀 아는 5%의 인재들과 그 인재들과 함께 일하고 싶어 하는 30%의 인재들을 확보해야 한다.

향후 5년은 상위 5%의 인재, 즉 스마트피플(smart people)을 확보하기 위한 투쟁의 시기가 될 것이다. 스마트피플을 주축으로 30%의 인재들이 움직일 것이고, 그들은 1조 비즈니스를 꿈꾸는 그룹으로 성장시킬 것이다. 따라서 스마트피플의 확보가 무엇보다 중요하다. 또 한 가지 중요한 것은 그들을 기존의 오피스 문화에서 일하게 해서는 안 된다는 것이다. 기존의 오피스 환경과 기업문화는 그들을 담아낼 수 없다. 그들에게 새판을 깔아줘라. 그것이 바로 스마트오피스다.

스마트오피스로 새판을 리드하라

스마트피플의 첫 번째 둥지, 스마트오피스는 공간이 아니다. 공간을 넘어서는 전략이다. 새들도 둥지를 함부로 만들지 않는다. 스마트오피스는 일, 생산성, 기술, 협업, 참여, 조직, 리더십, 문화, 디자인, 효율성, 지속성장 가능성, 복지를 모두 포함하는 개념이다. 오피스는 더 이상 그저 모여 일하는 공간이 아니다. 스마트오피스는 5%, 30%의 인재들을 모여들게 하고, 그들을 연결하는 과정에서 지속적으로 성장하는 개념으로 이해되어야 한다. 자율좌석제를 도입했다고 해서 스마트오피스를 공유 오피스라고 하는 것은 오해이며, 오피스 공간에 대한 너무나도 얕은 관점이다.

기존의 판에서 쓰던 전략은 더 이상 새판에 맞지 않는다. 하지만 여전히 많은 기업들이 기존 판과 새판에 대한 인식조차 부족하다. 막대한 돈을 들여 기존 판의 룰에 스마트오피스라는 무늬만 입

히고 있다. 스마트피플이 모여들기를 기대하겠지만, 그런 공간에
는 하드워커들만이 탄생할 뿐이다. 하드워커들이 일하는 공간에
서 스마트오피스라는 무늬만 입혀서 스마트워커가 오기를 기대
하지 마라. 새판은 새 트랙이다. 스마트피플을 확보하기 위해서는
그들에게 맞는 스마트한 공간을 제공해야 한다. 그들은 연결과 지
능, 일터의 혁명을 전파하여 1조 비즈니스를 비전으로 삼고, 로봇
(AI)과도 거침없이 협업하여 기업의 집단몰입을 일으키는 촉매제
역할을 할 것이다.

연결과 지능,
일터 혁명의 시대

우리 손안에서 한시도 떼어놓을 수 없는 '작은 요술'은 3가지 소원을 들어주는 지니보다 더 많은 욕망을 채워준다. 먹는 것부터 입는 것, 머무는 곳, 알고 싶은 것, 게임, 영화, 여행, 금융, 요리하는 법 등 무엇이든 해결해준다. 이 작은 괴물은 클라우드와 연결되며 기하급수적으로 진화하고 있다. 컴퓨터 기능은 1970년대 슈퍼컴퓨터 에니악보다 1000배는 더 빠르면서도 100만 배는 더 저렴하다. 에니악은 1970년대 다국적 공룡기업 IBM과 미국 국방성 펜타곤이 보유하고 있던 10층짜리 빌딩 크기의 슈퍼컴퓨터 이름이다. 에니악보다 1만 배나 뛰어난 이것을 우리는 스마트폰이라고 부른다.

스마트폰의 발전은 기하급수적 성장의 전형이다. 기하급수적

진보가 일어나고 있는 분야는 수십 곳, 수백 곳이 넘는다. 반도체, 자동차, 로봇공학, 네트워크, 3D프린팅, 인공지능, 의료, 나노 기술, 우주공학, 합성생물학, 크라우드소싱, 플랫폼 사업, 금융 등. 이것은 우리가 일하는 방식에도 영향을 주며 지능을 연결하고, 원활한 협업의 수단으로서 일터에도 패러다임의 기하급수적 혁신을 요구한다.

기하급수의 힘을 과소평가한 기업의 운명

초기에 카메라는 사물을 찍는 마법 상자로, 사람들은 영혼을 도둑맞는다며 사진에 찍히는 것을 두려워했다. 그때는 어두운 암실에서 인화지에 현상을 해야 했다. 사진은 인화지 한 장에 한 컷만 현상할 수 있었다. 1884년에 로체스터 저축은행의 말단 사원이었던 조지 이스트먼이 롤필름을 발명했고, 1888년 코닥은 "버튼만 누르세요"라는 광고로 카메라 시장을 열어 100년 동안 점유했다. 코닥은 디지털카메라를 출시하고 승승장구했다. 하지만 기하급수 시대의 초기에 산술적 성장 논리로 시장에 접근하는 잘못된 결정을 하고 말았다. 그 결과 시장을 장악할 기회를 놓치는 것은 물론 수세에 몰리는 처지가 되었다. 코닥은 기하급수의 힘을 과소평가했다. 휴대폰의 강자 노키아를 비롯해 수많은 기업들이 코닥처럼 밑으로 가라앉았다. 피터 디아만디스 박사는 '기하급수의 6D'

기하급수의 6D

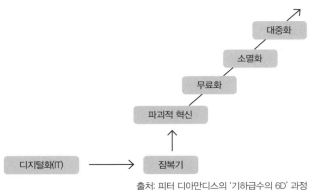

출처: 피터 디아만디스의 '기하급수의 6D' 과정

모델에서 디지털화(Digitalization), 잠복기(Deception), 파괴적 혁신 (Distruption), 무료화(Demonetization), 소멸화(Dematerlization), 대중화 (Democratization)로 기하급수 시장 변화의 흐름을 설명한다. 코닥은 기하급수 시장의 흐름을 간파하지 못했던 것이다.

예일 대학교의 리처드 포스터(Richard Foster) 교수에 따르면, 1920년 대에는 S&P500에 포함된 기업들의 평균 존속 기간이 67년이었다고 한다. 하지만 지금은 어림없다. 오늘날에는 앞서 살펴본 연쇄반응(기하급수의 6D)의 후반부 3D가 하루아침에 기업들을 해체하고 업계에 파괴적인 혁신을 일으킬 수 있다. 그 결과 21세기의 S&P500 기업들은 평균 존속 기간이 겨우 15년에 불과할 것으로 전망된다. (중략) 10년 후면 현재 최고의 기업으로 추앙받는 회사들 중 40퍼센트는 더 이상 존재하지도 않을 것이다. "2020년(기하급수의 시대)이 되면 우리가 아직 들어보지도 못한 기업들이 S&P500 기업의 넷 중에 셋 이상을 차지하게 될 것"이라고 포스터는 말한다.

– 피터 디아만디스 · 스티븐 코틀러, 《볼드(Bold)》, 비즈니스북스, 2016

우리가 늘 손에 들고 있는 '작은 거인'은 디지털카메라를 '무료'로 제공한다. 코닥이 시장에 제공하던 최고급 사양보다 높은 화소를 담고, 기능을 다 사용하지 못할 정도의 첨단기술을 연결한다. 특별한 이유가 아니면 우리는 카메라를 별도로 사지 않는다. 그리고 무엇이 사라졌는가? 음악을 재생해서 듣던 CD, 백과사전, 손전등, 내비게이션 등 앞으로도 이런 파괴적 혁신과 소멸의 과정은 매 순간 끊임없이 발생할 것이다. 소멸당하지 않고 혁신을 통해 살아남기 위해서 우리는 새로운 선택을 해야 한다.

혁신의 요람, 스마트오피스

기하급수의 시대에 상징이 된 스마트폰의 혁신적인 진화는 네트워크 연결을 기반으로 클라우드라는 기하급수의 기술을 통해 가능했다. 이를 기반으로 일터에서도 변화의 바람이 일었다. 우리는 시간과 공간을 넘어 언제 어디서든 업무가 가능한 세계를 맞이했고, 이를 바탕으로 세계의 시장이 하나로 연결되면서 지역적 거리와 경계로 보호받던 시장의 장벽은 빠른 속도로 무너지고 있다.

우리가 일하는 방식뿐 아니라 기업문화와 조직문화, 일하는 공간 등 모든 것에서 혁신을 요구한다.

스스로 파괴적 혁신가가 되지 않고는 기하급수의 시대를 맞이할 수 없다. 혁신하지 않고 살아남을 수 있다고 믿는 것은 댐 아래 집을 짓고서 홍수에 안전하다고 착각하는 것만큼이나 위험한 일이다. 산술성장 시대인 어제의 댐은 무너지고 거대한 홍수의 기하급수 시대가 왔다. 이것이 바로 우리가 스마트오피스를 단순히 공유 오피스, 또는 자율좌석제라는 개념으로 정의하고 싶지 않은 이유다. 스마트오피스는 새로운 시대의 일하는 방식과 인재를 품을 수 있는 요람이 되어야 한다. 스마트피플을 모여들게 하고 그들이 서로 긴밀하게 연결할 수 있도록 하여 파괴적 혁신을 촉발하는 것이 바로 스마트오피스의 역할이다.

1조 비즈니스를 꿈꾸는 스마트피플이 모여드는 기업인가?

스마트피플, 미래를 읽고 기회를 만드는 사람들

기하급수적 성장 시대의 밑그림을 그린 이들은 미래를 보는 능력을 가지고 있다. 미래를 보는 눈을 우리는 비전이라고 한다. 빌 게이츠, 스티브 잡스, 래리 페이지, 세르게이 브린, 제프 베이조스, 일론 머스크, 리처드 브랜슨, 한 번쯤은 들어본 이름이다. 이들의 특징은 시대를 읽는 통찰과 비전, 자율성, 상상력, 몰입의 중요성을 알고 있다는 것이다. 그들은 함께 일하는 이들에게도 이런 판을 경험하게 해준다. 당신의 기업에 기하급수의 성장을 꿈꾸는 스마트피플이 모여들게 하고 싶다면 지난 100년간의 경영 방식은 잊어라. 앞으로 10년은 전혀 다른 세상이 펼쳐질 것이며 스마트피플은 그 판에서 놀고 싶어 한다.

기하급수의 성장 기회는 큰 기업이든 작은 기업이든 똑같이 주어진다. 여러분의 경쟁 상대는 더 이상 바다 건너에 있는 다국적 기업이 아니다. 자신의 가능성을 믿고 대담한 도전을 펼치면 누구나 가질 수 있는 미래의 기회는 기하급수의 힘을 활용할 줄 아는 스마트피플에게 돌아갈 것이다. 스마트피플의 보편적인 특징은 전체를 읽어내는 통찰력, 자율성, 상상력, 몰입이다. 당신이 큰 기업을 경영하든, 스타트업을 하고 있든 스마트피플이 기량을 펼칠 수 있는 기업문화를 만드는가에 따라 승부는 달라질 것이다. 어쩌면 처음부터 이런 기업문화로 시작하기 쉬운 스타트업이 더 유리할 수 있다. 대담한 도전으로 4차산업의 불을 지핀 인물들은 그들의 차고에서, 허름한 창고에서, 캠퍼스 동아리 방에서 사업을 시작하여 기하급수적 성장을 일궜다.

무엇이 1조 비즈니스 탄생의 발목을 잡는가?

어제의 산술성장 시대에는 대기업이 더 유리했을 수 있지만 기하급수의 시대에는 비전, 자율, 상상, 몰입의 기업문화로 시작한 작은 기업이 더 유리할 수 있다. 기하급수적 성장을 실현한 이들은 이런 문화를 담은 일터를 만들고 4차산업 시대를 열었다. 그런데 아이러니하게도 산술성장의 기업들은 구글 캠퍼스를 스마트오피스라고 부르며 겉으로 보여지는 인테리어만 따라 하고 100년 전의 조직문화와 경영 노하우를 고집한다. 이들 공룡 기업에서 중추적 역할을 해온 리더들은 그들의 권위를 쉽게 내려놓지 못하고 있다.

스타트업으로 출발해 기하급수적 성장을 이룬 기업이 조심해야 할 것은 어느 정도 성장한 후에 산술성장 기업 경영 패러다임에 익숙한 공룡 기업의 중역을 영입하는 것이다. 그들은 기업문화를 어제로 돌려놓을 것이다. 절대 해서는 안 되는 인사 정책이다. 하지만 의외로 그런 실수를 하는 기업들이 많다. 스마트오피스 공간 구축 세미나를 열면 기하급수의 기술로 제법 성장한 기업이 스마트오피스 공간을 구축하고도 기업문화는 예전 그대로라며 호소한다. 조금 들여다보면 대부분 어제의 경영 노하우로 성공한 인물을 영입했다는 사실을 알 수 있다. 그들은 예전에 성공했던 산술성장의 노하우를 강조하며 기하급수적 성장 기업의 대담한 행보에 알게 모르게 지속성장의 브레이크 역할을 하며, 자신에게 맞는 스타일의 인사로 미래 성장의 발목을 잡는다.

스마트피플, 새로운 시대의 주인공

스마트피플의 경쟁 상대는 해외 또는 국내의 대기업이 아니다. 당신은 조금도 위축될 필요 없다. 기하급수의 1조 비즈니스 기회는 동등하게 주어졌다. 새로운 시대를 통찰하고 그 시대로 한 발 내딛어라. 스타트업의 스마트피플이여! 골리앗을 이긴 다윗의 신

화는 그대들의 이야기다. 기하급수의 시대는 대기업보다 우리가
더 유리하다.

다음은 삼성미래경영연구소에서 분석한 4차 산업혁명이 가져
올 인사조직 변화 도식이다.

4차 산업혁명이 가져올 인사조직 변화

1차 산업혁명 (증기기관)	2차 산업혁명 (전기)	3차 산업혁명 (전자)	4차 산업혁명 (CPS, AI, IoT)

조직구조	중앙집권(Centralization)	분권화(Decentralization)
조직문화	타율성 / 획일성	자율성 / 다양성
조직 운영	수직적 / 통제	수평적 연대 / 협업
노동 형태	단순 → 복잡 노동	근면성 → 상상력
인재 조건	전문성 발휘	창의 / 몰입
리더십	톱다운 / 수직적	보텀업 / 수평적
동기 요인	충족의 욕구(외적 동기)	실현 욕구(내적 동기)

출처: 삼성 HRWAY

우리 기업에 이러한 스마트피플을 영입하고 그들이 1조 비즈니
스를 마음껏 꿈꾸도록 돕기 위해서는 공간의 힘을 이해해야 한다.
공간은 사람을 변화시키고, 문화를 혁신하는 가장 효과적인 도구
다. 스마트오피스를 리모델링 또는 인테리어를 바꾸는 정도로 생
각하고 단순히 다른 기업의 그럴듯한 옷을 우리 기업에 입힌 후 아
무런 효과가 없다며 공간의 가치를 폄하해서는 안 된다.

기하급수 시대를 이해하고 새판을 짜라. 철새들도 그들이 머물

곳을 안다. 스마트피플이 비전을 꿈꾸고, 자유롭게 상상하며, 그들의 몰입이 집단몰입으로 승화될 수 있도록 공간을 디자인하고 혁신적인 일터를 구축하라.

로봇(AI)과 함께 일할
준비를 하고 있는가?

4차산업을 이끄는 기하급수 기술 중에 로봇공학과 인공지능은 피터 디아만디스 박사가 말하는 '기하급수의 6D' 중 어디쯤 와 있을까?

잠복기는 '기만' 혹은 '눈가림'이라는 뜻이지만 여기서는 사람들의 눈을 속이면서 꾸준히 성장이 진행되는 기간을 가리킨다. 잠복기에는 대부분의 사람들이 기하급수적 성장을 눈치채지 못한다. 적은 수를 2배 해봤자 여전히 매우 적은 수이기 때문에, 그저 '느릿느릿 산술적으로 성장하나 보다' 하고 오인하는 경우가 많은 탓이다.

– 피터 디아만디스·스티븐 코틀러, 《볼드(Bold)》, 비즈니스북스, 2016

잠복기 다음에는 '파괴적 혁신' 과정이 일어나는데 이 시기에 새로운 시장을 폭발적으로 창조하며 기존 시장을 파괴하는 기하급수적 성장을 보인다. 로봇은 이미 연구실에서 나와 다양한 모양과 크기, 이동 방식(걷고, 뛰고, 점프하고, 나는), 표현 능력(읽고, 쓰고, 말하고, 교감하고), 심지어 슈퍼컴퓨터 기능을 갖추고 잠복기를 지나 파괴적 혁신을 앞두고 있다. 논리적인 지능뿐 아니라 감성 지능까지 갖추고 스스로 학습하는 인공지능 로봇은 농담도 알아듣고, 때로는 의지가 되고, 사랑을 주고받고 심지어 창의적인 모습으로 우리 삶에 깊숙이 관여할 것이다. 향후 20년 내에 영화 〈아이언맨〉의 주인공 토니 스타크처럼 인공지능 로봇 자비스와 함께 프로젝트를 수행할지도 모른다. 자비스는 스마트폰보다 1만 배는 우수한 슈퍼컴퓨터 기능을 갖추고 클라우드를 통해 지구의 모든 정보를 이용하며 우리와 대화하고 의견을 나누며 하나에서 열까지 우리의 삶을 도울 것이다.

반려견 로봇은 살아 있는 동물보다 더 실감나는 모습과 능력을 갖추고 우리와 대화를 주고받으며 충성스럽고, 사랑스럽게 우리에게 복종할 것이다. 인공지능 로봇이 요람에서 무덤까지 우리 삶에 영향을 미치게 된다. 일터에도 다양한 기능으로 특화된 인공지능 로봇이 등장할 것이다. 그렇기 때문에 우리는 로봇(AI)과 함께 일할 준비가 되어 있어야 한다. 이미 각 국가는 인공지능 로봇에 대한 통제와 인류의 유익을 위한 법안을 제정하고 있다.

로봇(AI)과의 협업, 선택이 아닌 필수

이제 기하급수 시대의 무한한 가능성을 가진 사업 기회에 대한 이야기를 해보자. 우리 손안의 작은 기하급수의 변화(스마트폰)만으로도 어마어마한 비즈니스 기회를 포착한 수많은 기하급수 성장의 기업이 탄생했다. 앞으로 기하급수의 기술들이 잠복기를 지나 파괴적 혁신에 들어서면 서로 융합 시너지 효과로 연결되어 스마트폰 시장의 파괴적 혁신보다 훨씬 큰 파급력을 발휘할 것이다.

3D프린팅의 영역만 해도 소재와 기술이 다양화되고 첨단화되는 잠복기를 지나 파괴적 혁신 과정을 맞이하고 있다. 앞으로는 자신이 타는 자율주행 자동차 부품을 직접 3D프린팅으로 만들고 조립하여 자신만의 독특한 디자인의 차를 만들 수 있다. 인공지능 로봇도 3D프린팅으로 조립하는 미래가 곧 펼쳐지지 않겠는가?

우리가 기하급수의 시대에 비즈니스의 영역을 판단할 때 지난 100년의 패러다임으로 시장을 바라봐서는 안 된다. 예를 들어 IBM은 '왓슨'을 클라우드에 업로드해서 누구나 개발용 플랫폼으로 사용할 수 있게 했다. 왓슨은 2011년 2월에 〈제퍼디!(Jeopardy!)〉라는 퀴즈쇼에서 인간을 이긴 슈퍼컴퓨터다. 스타트업 기업 모더나이징 메디슨(Modernizing Medicine)은 클라우드에 업로드된 왓슨을 이용해 진료 과목별 전자 의료 기록 플랫폼을 구축했다. 모더나이징 메디슨 CEO 대니얼 케인(Daniel Cane)은 "보건 의료 부문에서 왓슨이 해내는 일은 인간이 흉내 낼 수 없습니다.

수백만 건의 문건을 뒤져서 질문에 답해주고, 출처 및 신뢰 수준까지 그 자리에서 알려줍니다. 왓슨은 지금까지 의사들을 위해 만들어진 질의응답 도구들 중에서 가장 강력할 뿐만 아니라 의료 행위 자체를 근본적으로 바꿔놓을 겁니다"라고 말했다. (피터 디아만디스·스티븐 코틀러, 《볼드(Bold)》, 비즈니스북스, 2016)

앞으로 의료 분야뿐 아니라 많은 기하급수 기업들은 무료로 왓슨 같은 슈퍼컴퓨터를 활용하고 연결하여 새로운 비즈니스 기회를 창조해 기하급수의 성장을 만들어낼 것이다. 따라서 우리는 그 흐름을 주도하며 융합적 창의력으로 새로운 혁신의 비즈니스를 만들어야 한다. 1조 비즈니스를 현실로 만들기 위해서 앞으로 로봇(AI)과의 협업은 불가피하다. 하루 빨리 로봇(AI)과 함께 일할 수 있도록 준비하고 실행해야 한다. 기하급수의 시대에 생존은 당신이 지금 어떤 선택을 하는가에 달려 있다.

집단몰입을 일으키는
스마트오피스를 구축하라

우리는 누구나 어떤 일에 몰입해본 경험이 있다. 그 순간에는 시간의 흐름도 잊어버리고 집중한다. 집중하기 위해 노력하는 것이 아니라 자연스럽게 고도의 집중력이 발휘되며 행동과 의식이 하나가 되는 몰입에 빠져든다. 몰입 상태에서 업무 효율은 5배 이상 발휘되고 500퍼센트 이상의 성과를 낸다는 연구 기록이 있다. 개인마다 몰입하는 내적 동기 요인과 외적 동기 요인은 다를 수 있다. 내적 동기로는 목표가 조금 어렵고, 성취 가능하며, 스스로 하고 싶고, 자신의 가치와 맞아떨어져서 성취감을 맛볼 수 있는 프로젝트일 때 몰입이 가능하다. 특히 게임 프로그램은 의도적으로 사람의 몰입도를 높여 정신적인 카타르시스를 느끼도록 기획된다. 몰입감에서 오는 정신적 행복 상태에서 시간 가는 줄 모르고 게임에 집중하고 계속 게임을 하고 싶은 중독성마저 불러일으킨다. 일터에서도 이런 몰입의 요소를 긍정적으로 활용할 필요가 있다.

무엇이 우리를 몰입하게 만드는가?

자기가 좋아하는 게임에 몰입하듯, 우리가 어떤 것에 더 깊이 빠져들게 만드는 환경적 유인이 있다. 스마트오피스를 디자인할 때도 그러한 환경적 요소를 잘 활용하여 몰입 유인이 가득한 공간으로 조성해야 한다.

몰입 유인 요소로는 물리적인 것만 있는 것이 아니다. 몰입을 일으키는 내적 요인으로 첫 번째 큰 목표를 꼽을 수 있다. 큰 목표는 큰 결과를 낳는 만큼 주의를 집중하게 된다. 판이 바뀌는 기하급수의 시대는 스스로 몰입할 줄 아는 스마트피플이 큰 목표를 가지고 기하급수적 성과를 낳는 큰 게임판이다. '버는 게임을 주도할 줄 아는' 이들은 큰 목표와 큰 성과를 위해 고도의 집중력을 발휘하며 무섭게 몰입한다.

두 번째는 도전 의욕이다. 기하급수의 시대는 모험의 시대다. 누군가 만들어놓은 고속도로를 운전하는 게임이 아니라 아무도 가보지 않은 미지의 길을 개척하는 기하급수의 게임이다. 70억 인류의 문제를 해결하고 새로운 문화를 창조하는 큰 게임이다. 기하급수의 기업들은 새로운 길에 도전하는 가치를 알기에 진취적 실패를 당연하게 여긴다. 오히려 실패하지 않는 것이 잘못이라며 진취적 실패에 포상을 한다. '위험을 감수하고 낯선 것들을 즐길 때'의 도전 의욕은 몰입을 유인하는 또 하나의 내적 요인이 된다.

세 번째는 '실수에 대한 인식'이다. 이와 관련해서는 싱가포르 국립대학교 마이클 프레제(Michael Frese) 교수의 실수 연구를 엿볼 필요가 있다. 그는 실수에 관한 2가지 문화가 있다고 설명한다. 실수 예방과 실수 관리가 그것이다. 실수 예방은 실수 자체를 하지 않는 것을 강조한다. 반면 실수 관리는 실수는 일어날 수밖에 없으므로 일찍 발견하고 빨리 교정하여 부정적 결과를 줄이는 것을 강조한다. 실수 예방을 강조하는 곳에서는 실수를 비난하고 감추려는 문화가 생기고, 실수 관리를 강조하는 곳에서는 실수를 공유하고 거기에서 학습하려는 문화가 생긴다. 관련 연구를 보면 실수 관

실수관리 문화에 가까운 조직일수록 혁신적이며 수익률이 높다

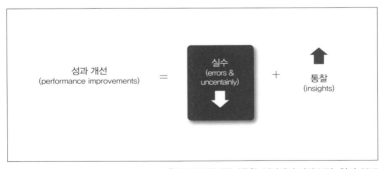

출처: 게리 클라인, 《통찰, 평범에서 비범으로》, 알키, 2015

리에 가까울수록 조직이 혁신적이며 수익률도 높다는 결과가 있다. 실수를 예방하려는 조직에서는 여러 장애물들을 모두 고려하느라 과제 자체에 몰입하기 어려운 환경이 조성될 위험이 크다.

네 번째는 불확실성이다. 무슨 일이 일어날지 모르는 불확실함 속에서 스릴을 느끼며 게임에 빠져드는 것이다. 기하급수 시대의 법칙도 처음 시작할 때는 산술성장보다 느린 성장 곡선을 보여주다가 어느 정도 변곡점에 이르면 기하급수의 성장으로 변해 산술적 계산이 어렵다. 기하급수적이란 우리의 머리로 계산되는 성장의 세계가 아니다. 불확실한 기하급수적 성장은 프로젝트를 추진한 당사자들도 놀랄 만한 성과를 만들어낸다. 불확실성은 불안한 요소이기도 하지만 그것을 동력으로 양질의 몰입을 일으킬 수 있다.

큰 목표, 도전 의욕, 실수에 대한 인식, 불확실성은 스마트피플들의 개인적 몰입을 유인하는 중요한 키워드이다. 이제 집단몰입에 대해 알아보자.

집단몰입은 어떻게 일어나는가?

집단몰입(group flow)이란 여러 사람이 하나의 목표를 이루기 위해 몰입에 빠져 있는 상태를 말한다. 스포츠 경기에서 이기기 위해 팀원들이 서로 협력하여 팀워크를 발휘할 때 집단몰입이 나타난다. 팀원들의 집단몰입이 게임의 승패를 좌우하는 결정적 요인인 경우가 많다. 스타트업 기업도 팀원들이 기대치가 높은 프로젝트를 협업할 때 고도의 집중력을 발휘해야 게임을 즐기듯이 함께 프로젝트를 성공시킬 수 있다.

스마트오피스는 일, 생산성, 기술, 협업, 참여, 조직, 리더십, 문화, 디자인, 효율성, 지속성장 가능성, 복지를 연결하며 집단몰입을 유인할 수 있는 스마트워크 플레이스로 구축되어야 한다. 집중력을 요하는 환경을 단지 조용하고 혼자 있는 공간으로만 해석해서는 안 된다. 시끄러운 곳(백색소음)에서 몰입이 일어날 수 있기 때문이다. 개인적 몰입과 집단몰입을 유인하는 스마트오피스 환경은 각 기업의 기준에 맞게 디자인되어야 하는 고도의 전문 영역이다. 그러기 위해서는 스마트오피스 기획 단계에서 조직 구성원 개인과 팀의 내적 외적 몰입 유인을 분석하는 과정이 필요하다. 그것이 바탕이 될 때 개인적 몰입과 집단몰입이 모두 가능한 스마트오피스가 탄생할 수 있다.

판이 바뀌는 기하급수의 시대가 시작되었다. 20세기의 패러다임으로는 새판에 적응할 수 없다. 새판을 리드할 인재들이 중요하다. 5%의 인재가 30%의 인재를 집단몰입으로 이끌고, 30%의 집단몰입은 70%의 집단몰입으로 이어지면서 기하급수적 성장 기업의 신화를 창조한다. 20세기에는 근면 성실을 기반으로 열심히 일하는 하드워커가 필요했다면 기하급수의 시대는 통찰력과 상상력으로 무장한 창의적 사고의 스마트피플이 집단몰입으로 일하는 시대다. 이들은 자신들이 상상한 미래의 비전을 실현하기 위해 무서운 집중력으로 시간이 정해진 퍼즐을 맞추는 게임을 하듯 몰입한다. 스마트오피스를 구축하고 5%의 인재를 유입하라. 스마트피플의 몰입으로 30%의 스마트워커를 만들고, 그를 바탕으로 한 집단몰입을 기업문화로 만드는 것이 스마트오피스 레볼루션이다.

CHAPTER

10배 기업을 만드는
스마트오피스 레볼루션

컨택트와 언택트의 일하는 문화와 시스템을 재설계하라

코로나19는 미래를 앞당겼는가?

한 라디오 프로그램에서 전문가를 초청하여 언택트 시대에 어떻게 하면 취업을 위한 화상 면접을 잘할 수 있는지 노하우와 함께 주의할 점 몇 가지를 알려주었다. 전문 컨설턴트는 이렇게 말했다. "상대방이 잘 알아들을 수 있는지 스피커폰의 소리를 사전에 잘 체크할 필요가 있습니다. 그리고 얼굴이 화면에 나올 때 화질이 어떤지도 미리 체크해야 합니다." 업무회의를 위한 일상적인 화상 미팅에서도 소리와 화질이 신경 쓰이는데 입사를 위한 면접은 어떻겠는가?

코로나19 이후 기존의 대면 문화는 언택트 문화로 서서히 대체되어 왔다. 직원들 간의 접촉을 줄이기 위해 재택근무를 도입하고 유연근무제 등의 탄력근무를 실행하고 또 의무화했다. 재택근무로 인한 업무의 비효율성을 주장하는 사람들도 있지만, 전 세계적으로 코로나19의 위험성과 변이 바이러스에 관한 뉴스가 쏟아지는 상황에서 그 주장을 받아들이기는 쉽지 않다. 예전의 일상으로 돌아가고 싶은 회기 본능에 대한 인내심을 시험하려는 듯 코로나19는 좀처럼 종식되지 않고 있다.

그 덕분에 코로나19는 일문화에 4차 산업혁명의 기술을 적용하는 속도를 가속화했다. 직장인들이 회사에 나가지 못하는 것은 물론 고3 수험생과 어린 유치원생 아이들마저 집에서 화상 수업을 한다. 우리는 여전히 이러한 상황들이 익숙하지 않다. 인류 역사상 위기의 시대에 그랬듯이 우리는 창의력을 발휘하여 새로운 방법을 지속적으로 찾아나가야 한다. 팬데믹이 우리의 일상에서 물러날 기미가 보이지 않지만, 만약 팬데믹이 종식되더라도 언택트 일문화는 4차 산업혁명이 이끄는 기하급수적 성장 시대의 기준이 되어 진화할 것이다. 실제로 대부분의 글로벌 기업(약 69%)이 코로나19가 끝나도 재택근무 기반 스마트워크를 유지할 것이라고 답했다. 우리는 코로나19가 끝나길 기다리며 다시 예전으로 돌아갈 날을 고대하는 것에 머물면 안 된다. 우리에게는 새로운 질문이 필요하다.

컨택트, 언택트 일문화의 본질

언택트 일문화를 비효율적으로 만든 것은 무엇일까? 재택근무는 무엇 때문에 우리의 협업을 불편하게 할까? 어떻게 하면 언택트 일문화를 경쟁력으로 만들 수 있을까? 이제 우리는 컨택트와 언택트의 일문화와 시스템을 재설계해야 한다. 지금 우리가 기업문화를 어떻게 구축하느냐에 따라 10배, 100배 기업을 만드는 스마트오피스 레볼루션을 실행할 수 있다. 우리의 연결이 기술적으로는 콘택트되었지만 진정한 콘택트는 놓치고 있다. 비대면 업무를 4차 산업혁명의 기술로 연결하고 가속화했지만, 진정한 콘택트는 이루어지지 않았다. 우리는 무엇을 놓친 걸까?

언택트 시대가 열린 것은 팩트다. 다만 언택트에 전부를 걸면 안 된다. 언택트는 연결의 도구이고 관계 맺기의 다리 정도로 생각해야 한다. 중요한 것은 언택트의 본질을 알아야 한다는 것이다. '비대면'이란 말의 '언택트'는 어쨌든 '대면'이 핵심이다. 직접 만나느냐, 간접적으로 만나느냐에 따른 구분이다. 결국에는 '대면=연결'이 본질이다. 언택트는 직접 만나지 않는다는 점에서 거리적, 심리적 부담이 덜 하다고 생각하기 쉽다. 그러나 이 말은 거리적, 심리적 거리가 존재한다는 뜻이기도 하다. 사람은 '촉'을 가지고 있다. 비대면의 약점은 이 '촉'이 전달이 안 된다는 점이다. 아무리 화면으로 얼굴을 보고 대화도 하고 강의를 듣는다 해도 진정한 교감은 불가능하다. 그래서 신뢰를 기반으로 하는 비즈니스나 네트워킹은 한계가 있다. 대중들은 언택트에 집중하고 있지만 지금이야말로 콘택트를 강화해야 할 시기다. 신뢰를 바탕으로 콘택트가 되어진 상태에서의 언택트는 시너지를 내고 강력한 힘을 발휘한다. (중략) 콘택트되야 언택트도 가능하다. 결국 언택트의 본질은 콘택트에 있는 것이다.

— 조영석, 《무기가 되는 책쓰기》, 라온북, 2021

언택트 시대는 기업의 일문화에 새로운 변화를 요구하고 있다. 재택근무로 빈자리를 방치하기에는 너무나 비효율적이다. 기업의 일하는 환경도 4차 산업혁명의 가속화만큼이나 빠르게 변화할 것이고, 많은 기업이 스마트오피스 도입을 고민할 것이다. 코로나19 이전에 우리가 제시하는 '스마트오피스 레볼루션'의 의도가 코로나19 이후의 방향성 및 의도와 다르지 않다. 《스마트오피스 모델의 탄생》(김한, 디자인그룹아침, 2019)에서는 4차 산업혁명에 대응하는 기하급수 시대 기업문화의 혁신 원칙에 근거하여 솔루션을 제시했다. 많은 기업이 스마트오피스를 받아들이기까지 제법 시간이 걸릴 것이라고 예견했지만 코로나19는 사무 환경의 혁신에 방아쇠를 당겼다.

스마트오피스의 본질은 콘택트에 있다. 콘택트를 이해하지 않고는 진정한 스마트오피스를 기업에 도입할 수 없다. 기존의 사무 환경은 수직적 구조의 의사 결정을 근간으로 구성되었다. 하지만 4차 산업혁명이 주도하는 기하급수 시대는 수평적 네트워크 기반의 콘택트를 요구한다. 우리는 이 둘 사이의 새로운 연결 고리를 찾아서 10배, 100배 기업을 만드는 '스마트오피스 레볼루션'을 구축해야 한다. 그것이 스마트오피스를 도입하고 언택트 일문화를 진정으로 콘택트하는 본질이다. "콘택트되어야 언택트도 가능하다." 스마트오피스를 어떻게 구축해야 콘택트가 가능한 언택트를 만들 수 있는지 그 이야기를 함께 풀어가 보자.

스마트오피스, 콘택트되어야 제대로 언택트할 수 있다

우리가 말하는 것은 공유 오피스, 스마트오피스, 거점 오피스(주거점, 스팟 거점), 가상(XR, 메타버스) 오피스를 포함하고 연결하는 '통합 스마트오피스 레볼루션'이다. 우리는 다음 말에 주의를 기울일 필요가 있다. "신뢰를 바탕으로 콘택트되어진 상태에서의 언택트는 시너지를 내고 강력한 힘을 발휘한다."

우리는 원하지 않는 상황에서 코로나19로 인해 언택트를 강요당했다. 하지만 역설적이게도 그것은 4차산업의 일문화를 10년 앞당기는 변화를 가져왔다. 이것을 기회로 여긴 기업은 기하급수 시대의 10배, 100배 기업으로 레볼루션할 기반을 마련하고 있다. 우리 기업을 '10배, 100배 기업으로 만들 스마트오피스 레볼루션의 비밀은 다음 문장에 숨어 있다. "언택트에 집중하고 있지만 지금이야말로 콘택트를 강화해야 할 시기다."

이것은 우리가 왜 지금 스마트오피스를 구축해야 하는가에 대한 답이다. 그곳에서 우리는 '신뢰'를 쌓는 연습을 통해 기하급수적 성장을 일구는 스마트오피스 모델을 구축하고, 거점 오피스, 메타버스 오피스 등 언택트 일문화로 나아가야 한다. 단계적으로 공유 오피스, 스마트오피스, 거점 오피스(주 거점, 스팟 거점), 가상(XR, 메타버스) 오피스 세계로 진화해야 한다. 그 첫 번째 단추가 바로 '스마트오피스 레볼루션'이다.

잘못 잠긴 첫 단추는 풀어서 다시 채우면 되지만 잘못 적용한 스마트오피스는 기업의 운명을 좌우할 수 있다. 일문화와 시스템을 재설계하라. 10배 기업을 만드는 스마트오피스 레볼루션은 이제 당신 손에 달렸다.

스마트오피스는
'공간'이 아니다

"중세에 잭이라는 한 바이킹이 부잣집에 들어가 도둑질을 하다가 신기한 물건을 하나 발견하고 그것을 집에 가져왔다. 그것을 곱게 포장해 부인에게 선물이라며 자랑스럽게 건넸다. 부인이 무엇에 쓰는 물건인지 궁금해하자 잭은 의기양양하게 그 물건의 꼭지를 조금씩 틀기 시작했다. 잭이 훔쳐온 물건은 바로 '황금빛 수도꼭지'였다. 잭은 당황해했다. 그것을 훔칠 때는 분명히 꼭지를 돌리기만 하면 물이 콸콸 쏟아졌는데, 집에 가져오니 아무리 틀어도 물이 나오지 않았던 것이다."

연세대 윤정구 교수가 만화로 소개한 유럽 우화다. 스마트오피스를 구축할 때 이러한 '황금빛 수도꼭지'를 가져오는 기업이 많다.

스마트오피스는 '공간'이 아니다. 고수와 하수의 차이는 무슨 일을 할 때 핵심을 꿰뚫고 본질을 들여다볼 수 있는 통찰력에 있다. 하수는 눈에 보이는 것만 본다. 스마트오피스란 단어에 대한 피상적인 해석은 판이 바뀌는 기하급수 시대의 10배, 100배 기업을 만드는 '스마트오피스 레볼루션' 구축에 도움이 되지 않는다. 자율좌석제, 인테리어, 공유 오피스, 스마트 IT 시스템 오피스 등 우리가 도입한 스마트오피스가 잭이 집에 가져온 '황금빛 수도꼭지'일 수 있다. 이외에도 스마트오피스를 왜 구축해야 하는지 본질을 잊어버린 채 껍데기만 보고 도입하는 기업들이 많다. 당신의 사무실은 어떤가? 당신이 스마트오피스라고 생각하고 있는 그것이 잭의 황금빛 수도꼭지는 아닌가?

'억' 소리 나는 프로젝트가 길을 잃는 이유

스마트오피스를 도입한 S기업의 사례를 살펴보자. 회장의 지시로 스마트오피스 구축을 책임지고 있는 임원은 스마트오피스 구축 프로젝트에서 30층 건물 전체에 대한 리모델링이 눈에 보이는 가장 큰 해결 과제라고 인식하고 건물을 설계한 건축사 사무소에 '스마트오피스 구축' 디자인을 의뢰했다. 건축사는 공간 리모델링 패러다임으로 유사한 사례를 찾다가 공유 오피스를 조사하고, 그와 유사한 인테리어 디자인으로 그 건물을 450억 원을 들여서 공사를 마쳤다. 무슨 일이 일어났는가? 막대한 예산을 들였지만 보기 좋은 인테리어에 그쳤을 뿐 기대했던 기업문화 혁신은 일어나지 않았다. 단지 몇몇 신문기사에 'S기업 스마트오피스 도입'이라는 의례적인 뉴스만 나올 뿐이었다. 450억짜리 뉴스였던 셈이다.

회장은 4차 산업혁명이 주도하는 기하급수 시대의 경쟁력 있는 '일문화 혁신'을 위한 스마트오피스 레볼루션을 주문한 것이다. 기업문화를 건축사 사무소에서 컨설팅하는가? 일문화 혁신을 건축설계 전문가에게 의뢰하는가? 기업의 소통과 창의적 문화를 건축 디자인 회사가 구축할 수 있는가? S기업만이 아니라 많은 기업이 같은 패러다임으로 스마트오피스를 구축하고 있다. 이제는 오픈 컬래버 융합 디자인으로 전문가들의 협업이 요구되는 시대다. 예를 하나 더 들어보자.

세종시에 스마트오피스를 구축한 H사는 고민이 많았다. 15억 원을 들여 스마트오피스를 구축했는데 공간 사용 효율이 떨어져 어떻게 해야 좋을지 해결 방법을 요구했다. H기업에서 담당하게 된 부서는 조직문화 혁신팀이었다. 하지만 이 팀의 영향력은 H사내에서 그렇게 크지 않았다. 총무부의 한 파트로 스마트오피스 활성화 프로젝트를 위임받은 것이다. 몇 가지 조사를 위한 인터뷰 과정에서 우리는 놀라운 이야기를 들었다. H사의 어떤 팀은 스마트오피스 공간을 사용하러 갈 때 팀장에게 서류로 허락을 받아야 한다는 것이었다. 그 팀장은 팀원이 자기가 볼 수 있는 공간에서 일하길 원했고 스마트오피스에 대한 부정적 인식을 가지고 있었다.

그래서 자기 팀원이 자유로운 공간에서 일하는 것을 좋아하지 않았다. 그런 팀장의 시선을 벗어나 그곳을 자유롭게 사용할 수 있는 팀원이 있겠는가?

H기업은 처음 스마트오피스를 도입할 때 총무부가 프로젝트를 주관했다. 이유는 간단했다. 인테리어는 시설 비용으로 총무부서에서 하는 일이라는 기존의 관행 때문이다. 한 층에 15억 원을 들여 인테리어를 했지만 기업의 일문화 혁신은 일어나지 않았다. 잭이 집으로 가지고 온 '황금빛 수도꼭지'에서 물이 콸콸 쏟아지길 바라는 것과 무엇이 다른가?

스마트오피스의 본질

스마트오피스는 기하급수 시대에 10배, 100배 성장하는 기업으로 가는 기본 환경이다. 새판이 시작되었는데 여전히 20세기 패러다임으로 대응할 것인가? 기존의 조직문화에 공유 오피스를 그대로 복제한다고 기하급수 시대의 기업문화로 혁신되지 않는다. 풍선에 수박 그림을 그려 넣었다고 마술처럼 풍선이 수박이 되지 않는다. 수박을 먹기 위해 칼을 대는 순간 풍선은 터지고 말 것이다.

4차 산업혁명의 기술로 우리는 시간과 공간을 벗어나 일할 수 있는 시대를 맞이하고 있다. 심지어 메타버스라는 용어도 익숙한 시대다. 메타버스, 즉 가상현실 공간은 스마트오피스의 한 축으로 우리의 삶에 영향을 미치게 될 것이다. 우리가 미래에 대해 준비할 겨를도 없이 미래의 기술은 기하급수적으로 우리 앞에 펼쳐질 것이다. 10배, 100배, 1000배 기업을 만드는 '스마트오피스 레볼루션'에 대하여 진정한 고민과 통찰이 필요하다.

스마트오피스는 '공간'이 아니다. '황금빛 수도꼭지'는 물을 콸콸 쏟아내야 한다. 시간과 공간을 벗어나 자유롭게 일하면서도 성과를 내는 기업문화는 저절로 만들어지는 것이 아니다. "신뢰를 바탕으로 컨택트되어진 상태"라는 문장에 주의를 기울일 필요가 있다. '신뢰를 바탕으로 컨택트'된 기업의 일문화 구축은 스마트오피스라는 황금빛 수도꼭지에서 쏟아지는 '물'이다.

이것은 스마트오피스 구축 시 함께 만들어가야 하는 핵심 가치다. 그 바탕에서 거점 오피스(주 거점, 스팟 거점), 메타버스(가상현실) 오피스로 진화해야 된다. 급할수록 근본과 본질을 잊지 않아야 한다. 한 어리석은 농부가 이른 아침 논에 가보니 옆집 벼보다 자기 집 벼가 덜 자란 것 같아 뿌리를 모두 당겨놓았다. 그다음 날 가보니 자기 집 벼가 다 죽어 있었다. 이 농부처럼 벼를 빨리 자라게 하려고 뿌리를 뽑아 올려서는 안 된다. 스마트오피스는 단순한 '공간'이 아니다. 스마트오피스는 '신뢰를 바탕으로 서로 연결된' 기업문화를 만드는 뿌리이자 물줄기다. 우리는 그 본질을 파악하고 10배, 100배 기업을 만드는 스마트오피스를 제대로 구축해야 한다.

10배 생산성 있는 스마트피플이 모여드는 스마트오피스를 구축하라

창의성이 곧 생산성이다

사람들은 '창의적인 영역'에는 생산성이라는 개념이 적합하지 않다고 생각하는 경향이 있다. 생산성은 공장처럼 매뉴얼이 절대적인 곳에서 효율을 극대화할 때 적합하다고 생각한다. 생산성은 시간에 비례해 측정되었고, 사람의 일은 대량생산 시스템의 한 부속품으로 인식되고 실질적으로 회계 장부에서 인건비는 생산 비용으로 처리되었다. 20세기 경영 전략에서는 '공장의 생산성을 높이기 위해 창의적으로 생각할 시간을 확보해야 한다'는 개념이 팽배했다. 그 생산성은 산술적으로 예측 가능한 성장이었다. 산업화 초기 산술적 경제 성장을 한 기업들은 반세기 또는 100년의 전통을 자랑하며 20세기를 주도했다.

하지만 이제는 판이 바뀌었다. 기하급수의 시대에 20세기 접근 방식으로 생산성을 봐서는 안 된다. 기업에게 생산성은 여전히 중요하다. 하지만 기하급수 시대는 '창의성'이 가장 중요한 생산성이다. 기하급수 시대의 창의성은 산술적이지 않고 기하급수적이다. 10배, 100배, 1000배 생산성을 가진 스마트피플은 '창의적으로 상상하고 그것을 현실로 만드는 능력이 있다. 우리는 그러한 스마트피플을 영입하고 그들이 최고의 역량을 발휘할 수 있는 환경을 만들어주어야 한다. '스마트피플이 모여드는' 스마트오피스를 구축해야 하는 것이다.

기하급수 시대를 주도할 스마트피플을 영입하기 위한 인재 전쟁은 이미 시작되었다. 5%의 스마트피플이 몰입할 스마트오피스를 구축하라. 5%의 스마트피플과 동화될 30%의 예비 스마트피플의 일터로 스마트오피스를 구축하라. 함께 어우러져 일하는 일터, 집단몰입이 일어나는 스마트오피스를 구축하라. 20세기 경영 전략에서 사무 환경은 비용으로 처리되었다. 하지만 기하급수 시대의 스마트오피스는 투자이자 전략이다. 20세기 산술 경영의 시대에 달러 빚을 내서라도 갖추고 싶어 했던 '대량생산 시스템'처럼, 판이 바뀌는 기하급수 시대에 '스마트오피스 구축'은 가장 중요한 투자다.

과거의 것을 버리는 용기

스마트오피스 구축 시 가장 중요한 것은 새로운 패러다임을 갖는 것이다. 20세 경영 전략은 내려놓고 새판의 경영 전략으로 무장하라. 아직도 많은 기업들이 스마트오피스를 20세기 조직관리, 인사관리 경영 패러다임으로 구축하는 사례가 많다. 기업의 조직 문화는 그대로 두고 사무 공간만 스마트하게 바꾸려는 것이다.

C사는 한 층에 약 350평 규모의 공간 5개 층을 사용한다. C사에는 본부장급 임원이 5명 있다. C사는 공간의 효율을 높이고 스마트워크를 위해 특수 부서를 제외하고 전 직원 자율좌석제를 도입하려고 했다. 변화를 원했지만 그래도 여전히 본부장실은 각 층의 전망 좋은 창가 자리에 배치하는 것을 기본 조건으로 스마트오피스 디자인을 요청했다. 이러한 요청이 조금 난감하게 느껴졌다. 자기 부서 사람이 없는 공간에 외로운 섬처럼 본부장실을 지키고 있는 임원은 무슨 생각을 하는 걸까? 자기 부서의 직원을 다시 자기 앞에 도열시킬 계획을 구상 중일까?

회사 대표는 스마트오피스의 파급 효과에 대한 이해가 전혀 없이 경쟁 회사의 놀라운 변화를 보고 경영진에 스마트오피스 도입을 지시했다. 관행대로 시설을 주관하는 총무부가 추진했다. 그 과정에서 일부 임직원의 반발로 적당히 타협하여 본부장실은 창가에 두기로 했던 것이다. 이렇게 구축된 스마트오피스에서 스마트피플이 자신들의 창의력을 발휘하여 생산성을 극대화할 수 있을까? 이처럼 자기 자리의 크기와 위치를 중요하게 여기는 20세기 조직문화가 깊이 뿌리내린 기업이 여전히 많다. 앞으로 나아가려는 힘과 기존의 것을 지키려는 힘이 충돌할 때 그 일의 '생산성'은 얼마나 비효율적이겠는가? 이때 우리에게 필요한 것은 익숙했던 것, 과거의 것을 버리는 과감한 용기다.

스마트오피스 레볼루션 : 새로운 패러다임을 상상하라

판이 바뀌는 기하급수의 시대가 열렸다. 새판을 주도할 스마트피플의 일터인 스마트오피스를 가장 생산적으로 구축하기 위해서는 스마트피플의 일하는 방법인 '스마트워킹'과 미래의 일터 패러다임을 이해해야 한다. 우리가 말하는 스마트오피스는 현재 사용하고 있는 사무 환경만을 뜻하는 것이 아니다. 스마트피플의 일하는 방법인 '스마트워킹'은 기본 개념이 다르다. 그것은 특정 시간에 특정 장소에 가는 것을 의미하지 않는다. 스마트워킹이란 어떤 결과를 만들어내기 위해 몰입하여 무엇인가를 하는 것이다.

스마트피플에게 사무실이란 그 일을 하기 위한 최적의 공간이지 몇 시부터 몇 시까지 있어야 하는 곳이 아니다. 그들은 업무 성과를 높이고 몰입하기 위해 업무의 특성에 맞는 다양한 공간의 힘을 사용할 줄 안다. 스마트피플의 '스마트워킹'은 성과 중심, 업무 중심, 신뢰를 바탕으로 하는 협업 중심이다. 그렇다고 오해하지 마

라. 그들은 자기 의견만 고집하는 괴짜가 아니다. 오히려 철저히 배우려는 호기심을 가지고 함께 협업하여 결과물을 도출하기 위해 몰입하는 것을 좋아한다. 그들은 일 중독자들이 아니다. 스마트워크 전문가들의 표현을 빌리자면, "스마트워크는 업무 시간, 장소, 방법의 자율성을 토대로 업무 효율의 극대화를 꾀하고 그렇게 생긴 잉여 시간과 가치를 통해 일과 삶의 균형을 이루는 것"이다. 스마트피플, 스마트 조직문화, 스마트오피스, 스마트워크가 균형을 이루는 것이 스마트오피스 레볼루션이다.

판이 바뀌는 기하급수 시대, 10배, 100배 기업으로 레볼루션할 것인가? 아니면 침몰하는 배에서 막연히 괜찮다고 안주할 것인가? 그 선택은 전적으로 당신에게 달려 있다. 10배, 100배, 1000배 생산성 있는 스마트피플이 모여드는 스마트오피스를 구축하라.

기하급수 시대를 돌파할 스마트워킹
문화를 스마트오피스로 만들어라

당신의 기업은 '스스로' 껍질을 깨고 있는가?

스마트워크를 정의해보면 '시간과 장소에 얽매이지 않고 언제 어디서나 일할 수 있는 체제'라고 할 수 있다. 하지만 우리가 놓치지 말아야 할 것이 있다. '되어야 할 것'과 '되어지는 과정'을 착각하는 것이다.

내가 어릴 때는 장사꾼 아저씨가 학교 교문 앞에서 커다란 종이 상자에 노란 병아리와 하얀 병아리를 담아서 팔곤 했다. 귀엽고 예쁜 노란 병아리를 보고 있자니 집에서 키우고 싶은 마음이 들어 1,000원에 두 마리를 사서 집으로 데려와 열심히 밥도 주고 물도 주면서 키웠다. 하지만 병아리는 끝내 자라지 못하고 죽어 울면서 뒤뜰에 묻어주었다.

병아리가 알에서 나오는 과정은 신비롭다. 암탉이 알을 낳아 오랜 시간 품으면 알에서 깨어난다. 어린 생명은 알 속에서 작은 부리로 '스스로 껍질을 깨고' 나온다. 새 생명의 탄생은 신비롭기까지 하다. '스스로 껍질을 깨는' 모습이 안쓰럽다고 껍질 깨는 것을 도와주면 병아리는 알에서 나오더라도 얼마 못 가서 죽는다. 스스로 껍질을 부리로 쪼아서 나오는 것은 병아리의 성장 과정에서 중요한 자연의 법칙이다.

기업이 스마트워크(시간과 장소, 방법에 얽매이지 않고 언제 어디서나 일할 수 있는 체제) 도입을 추진하는 과정도 병아리가 스스로 알을 깨고 나오는 모습과 같다. 스마트워크를 공장에서 제품을 생산하듯이 몇 가지 첨가물을 추가하여 실행하는 것, 즉 누군가 껍질을 깨주길 기다려서는 안 된다.

스마트오피스 레볼루션 : 하드워크에서 스마트워크로

20세기 대부분의 기업은 '시간과 장소에 얽매이지 않고 언제 어디서나 일하는 체제'의 스마트워킹에 익숙하지 않았다. 우리에게 익숙한 기존의 패러다임은 정해진 시간, 장소, 방법에 따라 일하는 것이다. 아침 9시에 출근하여 8시간 근무하고 6시에 퇴근하며, 정해진 장소에서, 정해진 방법으로, 정해진 보고서를 작성하며 상사의 취향에 맞게 일했다.

그런데 갑자기 익숙하지 않은 스마트워크를 해야 하는 시대가 눈앞에 펼쳐졌다. 조금 더 들여다보면 근로법, 노동법, 회사 내규까지 일하는 관행은 훨씬 복잡하고 정교한 20세기 패러다임의 껍질로 싸여 있다. 이것을 통칭 '하드워크'라고 한다면, 기업의 일하는 문화를 하드워킹에서 스마트워킹으로 혁신하는 과정은 공장에서 제품을 찍어내기 위해 몇 가지 기계부품을 조립하듯이 되는 일이 아니다.

하드워킹을 스마트워킹으로 바꾸는 일은 하드워커인 하드피플을 스마트워커인 스마트피플로 바꾸는 일이다. 그것은 사람을 혁신시키는 일이다.

사람의 오래된 습관과 관행을 바꾸는 것은 손바닥 뒤집듯이 쉬운 일이 아니다. 사람의 변화는 병아리가 알을 깨고 나오는 과정보다 복잡하다. 하지만 많은 기업이 스마트워크와 스마트오피스를 도입할 때 '되어야 할 것'과 '되어지는 과정'을 착각하고 오류를 범한다. 스마트워크로의 혁신을 공장에서 조립 라인 몇 개 바꾸듯이 추진한다. 그래서 일문화와 조직문화를 바꾸는 중요한 일을 엉뚱하게도 건축설계사, 인테리어 회사에 일임하는 어처구니없는 상황이 벌어진다.

판이 바뀌는 기하급수 시대를 돌파할 스마트워크는 '되어야 할 것'이다. 그러나 '되어지는 과정'은 공장 시스템이 아닌 순리를 따라야 한다. 지금은 4차 산업혁명의 기술 덕분에 시간과 장소에 얽매이지 않고 언제 어디서나 일하는 것이 가능한 시대다. 하지만 스마트워크를 통해 시간과 장소에 얽매이지 않고 업무를 진행하고, 문제를 해결하고, 서로 협업하고, 소통하는 것은 또 다른 문제다. 코로나19로 4차산업의 일문화를 10년 앞당겼다고 하는 이유도 시간과 장소에 얽매이지 않고 언제 어디서나 일할 수밖에 없는 언택트 상황으로 내몰렸기 때문이다. 방역과 일이라는 두 마리 토끼를 잡아야 했다. 아무리 강력한 국가라도 강제할 수 없는 일들이 코로나19라는 특수 상황에서 가능하게 된 것이다.

어쩌면 코로나19가 전화위복이 될 수도 있다. 하지만 의도를 가지고 하는 것과 어쩔 수 없이 하는 것은 결과가 다르다. 어쩔 수 없이 하는 일은 그 일을 통해 무엇인가를 성취하고자 하는 목적과 목표가 없다. 스마트워크는 '시간과 장소에 얽매이지 않고 언제 어디서나 일하는 체제'이지만, 스마트피플을 담아내는 스마트오피스 솔루션이라고 말할 수는 없다.

시간과 장소에 얽매이지 않고 일하기만 하면 스마트오피스로 기업문화를 레볼루션하고 판이 바뀌는 기하급수 시대의 경쟁력 있는 기업이 되는 것이 아니다. 하지만 많은 기업이 의도하지 않게 스마트오피스, 공유 오피스, 거점 오피스(주 거점, 스팟 거점), 메타버스 오피스를 그렇게 추진하고 있다.

스마트워크 문화로 나아가는 4가지 단계

기하급수 시대를 돌파할 스마트워킹 문화를 스마트오피스로 만드는 '되어지는 과정'은 데이터에 의한 4가지 단계로 적용되어야 한다. 첫 번째는 조직원들의 일문화와 조직문화에 대한 올바른 비전과 가치에 대한 의식을 '한 방향으로 정렬'하는 것이다. 판이 바뀌는 기하급수 시대의 새로운 패러다임을 함께 공유하는 것이다. 공간에 대한 공유보다 비전과 가치의 공유가 먼저다.

두 번째는 비전과 가치에 따른 새로운 의사 결정과 보고 방법, 그리고 소통의 과정을 혁신하는 일문화, 조직문화의 목표를 공유하는 것이다. 공정하고 정확한 목표는 조직원들의 몰입을 유도하고 자부심과 자존감을 고양해서 서로 간의 신뢰를 높여 진정한 컨택트가 이루어진다. 조직이 신뢰를 바탕으로 언택트되어진 상태에서 스마트워크를 구축할 때 진정한 스마트오피스, 거점 오피스(주 거점, 스팟 거점), 메타버스 오피스로 진화할 수 있다.

세 번째는 공간을 혁신하는 것이다. 스마트오피스 레볼루션에서 공간은 스마트워크의 축소판으로 시범 운영되어야 한다. 그 공간에서 언택트를 연습하고 신뢰를 구축하는 과정이 중요하다. 다양성을 갖추고 몰입을 유도하며 사람을 이어주는 공간으로 디자인되어야 한다.

네 번째는 판이 바뀌는 기하급수적 성장 기업의 특성에 맞게 스마트워킹 문화를 만들어가는 것이다. 기하급수 시대를 돌파할 스마트워킹 문화를 스마트오피스로 만들어가는 일은 '되어지는 과정'이다. 병아리가 연약한 부리로 스스로 알을 깨고 나오는 것처럼 순리를 따라야 한다는 것이다. 스마트오피스를 통해 기업의 일문화를 스마트워킹으로 혁신하라. 바쁘고 급할수록 원칙을 지키고 기본으로 돌아가라. 그것이 가장 빠른 지름길이다.

일하는 직원과 일하는 척하는 직원이 드러나는 스마트오피스

월급루팡은 회사원들 사이에서 곧잘 쓰이는 말이다. 전 세계적으로 유명한 도둑 캐릭터 아르센 뤼팽의 이름을 따서 만든 유행어로, 일하지 않고 월급을 받는 직원을 칭하는 용어다. 업무 시간을 쇼핑, 주식 등 업무와 관련 없는 행동을 하며 보내거나, 자신의 일을 다른 직원들에게 떠넘기거나, 업무 진행을 의도적으로 늦추는 직원들이다.

사실 월급루팡은 인터넷상에서 가볍게 회자되는 말이다. 일종의 소소한 일탈이다. 자신을 월급루팡이라고 농담처럼 칭하는 사람들은 사실 조직에 크게 문제가 되지 않는다. 조금의 가책을 더해 자신의 행동을 희화하는 것이다. 하지만 자신이 대도인 줄도 모르고 잘못된 행동을 지속하는 사람들이 있다. 월급루팡은 자신이 할 일을 정확히 인지하고 있는 상태에서 양심의 가책을 느끼며 소소한 일탈을 하는 것이다. 여기에서 주의 깊게 분석할 사람들은 의도적이며, 양심의 가책도 없이 실상은 일을 하지 않으면서 일하는 척만 하는 인물들이다.

이들이 업무를 전면적으로 하지 않는 것은 아니다. 하지 않으면 티가 나거나 문제가 일어날 소지가 있는 일은 요란하게 처리하며 눈속임을 한다. 관리자들이 모든 일을 컨트롤하고 들여다보기 힘들기 때문에 누가 곳간에 쥐구멍을 파서 드나들고 있는지 알기 어렵다. 또한 조직은 한두 명의 일탈로 무너지지 않기 때문에 이들의 만행을 자칫 가볍게 넘겨버릴 소지도 있다.

'한 사람'으로 인한 조직 생산성의 훼손

일을 하는 게 아니라 일을 하는 척하는 직원들이 조직에 끼치는 악영향은 무엇일까? 가장 단순하지만 심각한 문제는 조직의 생산성을 떨어트리고 이곳저곳에 흠을 남긴다는 것이다. 앞서 말했듯이 그들은 티가 나지 않는 선에서 일을 하지 않기 때문에 그 흠은 아주 작을지 모르나 가랑비가 옷을 적시듯, 조금씩 쌓이는 눈이 지붕을 무너뜨리듯 천천히 조직을 병들게 한다.

직접적인 영향은 자신이 맡은 일을 하지 않음으로써 업무상의 문제를 일으키는 것이다. 영업부라면 클라이언트와의 관계가 서서히 훼손될 것이고, 마케팅부라면 고객과의 관계가 느슨해져 고객의 머릿속에서 회사 자체가 흐려질 것이다. 생산팀이라면 제품에 하나둘 문제가 생기고, 시대를 이끄는 창의적인 제안이 불가능하며 시대와 발맞추지 못하고 결국 도태될 것이다.

또한 간접적으로는 일 잘하는 직원들이 사기를 잃거나 조직을 떠날 것이다. 사람은 자신의 진심이 통하지 않을 때 그 대상에게 부정적인 감정을 품게 된다. 자신은 진심으로 일을 잘하고자 노력하는데, 그렇지 않은 사람이 아무런 노력 없이 자리를 지키고 종종 자신에게 피해를 준다면 그 대상뿐 아니라 그런 대상을 관리하지 않고 내버려둔 조직에게도 분노한다. 조직에 대한 부정적인 감정은 사기를 저하시킬 뿐 아니라 조직을 떠나겠다는 결심을 하는 촉매제가 될 수도 있다.

문화와 공간의 힘으로 사람을 혁신시켜라

그렇다면 그들은 왜 일하지 않고 일하는 척만 하는 걸까? 가장 간단하게는 개인적인 인성을 문제 삼을 수 있다. 평생직장이라는 개념이 사라진 시대에 영혼까지 다해 일할 것을 요구하기는 힘들겠지만 최소한의 마음가짐은 필요하다. 하지만 일부 사람들은 일하지 않고 돈을 벌 궁리만 한다. 이는 조직에도, 동료들에게도 그리고 자신에게도 떳떳하지 못하고 해를 끼치는 일이다.

그들이 일하는 척만 하는 두 번째 이유는 조직이 '그래도 괜찮은' 시스템과 문화를 가지고 있기 때문이다. 시스템과 매뉴얼 없이 주먹구구식으로 일을 처리한다면 그 과정에서 문제가 생겨도 원인을 분석하기 힘들다. 역할과 책임 소재를 분명히 알 수 없다는 것이다. 그렇기 때문에 어떤 사람이 일을 그르치고 있는지 밝혀낼 수 없고 같은 실수가 반복된다.

성과 중심이 아닌 태도와 관계 중심의 평가 문화도 원인이 된다. 일종의 '줄 잘 서기'가 곧 능력으로 인정받고 객관적이어야 할 평가에 주관적인 의견들이 개입된다면 일 자체보다는 관계에 에너지를 쏟는 사람들이 많아지게 마련이다.

앞서 이야기했듯이 일하는 척하는 직원은 조직에 암적인 존재다. 그런 직원을 내보내면 될 일인지, 시스템과 문화까지 손봐야 하는지 의문이 들지도 모르겠다. 하지만 그런 직원을 구분해내는 기준 자체를 세우기 힘들며, 콩 심은 데 콩 나고 팥 심은 데 팥 나듯 시스템과 문화가 바뀌지 않는다면 일하는 척하는 직원은 언제나 생겨날 것이다.

스마트워커들의 놀이터가 되어야 할 오피스 공간이 일하는 척하는 직원에게는 놀이터가, 하드워커들에게는 교도소가 되고 있다. 이를 개선하기 위해 스마트오피스 도입이 시급하다.

스마트오피스가 개인의 인성까지 바꿀 수는 없겠지만 내부의 시스템과 문화를 정비하고 혁신하는 데는 무엇보다 효과적이고 빠른 방책이다. 뚜껑이 닫힌 병에 익숙해진 벼룩이 뚜껑을 열었을 때 더 높이 뛸 수 있는데도 이전과 같은 높이까지만 점프하는 것처럼, 사람 또한 공간의 영향을 많이 받는 존재이다. 성과 중심의 평가와 자율책임 문화를 주축으로 각 기업에 맞는 시스템과 문화를 계획하고 그에 맞는 스마트오피스를 구축할 때 빠르고 정확하게 일하는 직원과 일하는 척하는 직원이 수면 위로 드러난다. 그렇게 되면 일하는 척하는 직원들은 마음을 바꿔 일을 하거나 아니면 또 다른 조직을 찾아 떠날 것이다.

스마트워커들로만 구성된 조직으로도 돌파하기 힘든 시대를 지나고 있다. 당신의 기업이 10년 후에도 굳건히 존재할 뿐 아니라 20년, 40년 뒤를 내다보려면 지금부터 10배, 20배 가치로 성장할 수 있는 기업 시스템과 문화 그리고 스마트워커를 확보해야 한다.

CHAPTER

하드워커를 스마트워커로
바꾸는 스마트오피스

문제를 찾아내고 해결해내고야 마는 스마트워커와 스마트오피스

하드워커와 스마트워커의 차이는 무엇일까? 일을 할 수 있는 것만으로도 만족했던 산업화 초기는 하드워커가 존중받던 시대였다. 1차, 2차, 3차 산업 시대에는 열심히 일하는 것이 평가의 핵심 기준이었다. 사무실에 일찍 출근해서 늦게까지 남아 일하는 사람들이 많았다. 연말에 우수사원 시상식에서 1년 내내 한 번도 지각하지 않고 성실 근면하게 출근한 사람에게 주는 개근상이 있었다.

하지만 일과 삶의 균형을 추구하는 워라밸 문화에서의 새로운 가치는 무조건 열심히 일하는 근면 성실이 아니다. 그러한 것으로는 4차 산업혁명이 주도하는 기하급수 시대의 경쟁력을 담보할 수 없기 때문이다. 그런 가치를 추구하는 기업은 인재를 유치하기도 힘들다.

물론 근면 성실은 지금도 중요한 덕목이다. 그러나 그것이 전부가 되어서는 안 된다. 이제는 효율적이고 창의적으로 선택과 집중을 해야 하는 스마트워커의 시대로 스마트한 기업문화가 필요하다. 집중과 몰입으로 문제를 찾아내고 해결해내고야 마는 스마트워커들이 일할 스마트오피스를 구축하는 것이 기업의 기본 경쟁력이다.

예전의 패러다임으로는 회사와 개인이 살아남을 수 없다는 것을 우리는 직관적으로 알고 있다. 코로나19로 인해 출퇴근 시간을 스스로 조정하는 유연근무제와 재택근무를 일주일에 몇 번씩 장려하는 기업이 늘어나고 본사가 아닌 집에서 가까운 거점 오피스로 출퇴근하는 것이 자연스러운 시대를 맞이하고 있다.

더 나아가 일하는 패러다임은 더 많은 변화를 맞이하게 될 것이다. 4차산업 시대에는 스마트오피스 문화가 진화하여 '메타버스 스마트오피스'도 자연스럽게 받아들여질 것이다. 현실과 똑같은 사무실을 가상공간에 구현하고 자신의 '아바타'가 출근하는 메타버스 시대를 준비하는 기업도 점점 늘어나고 있다. 코로나19로 인한 거리두기를 아바타를 통해 조금이라도 해소하고 싶은 욕구에 사람들은 메타버스 가상 사무실을 경험하고 재미를 느끼기도 한다. 많은 기업이 시간과 공간을 초월하여 일하는 기업문화로 혁신하고 있다.

포스트 코로나 시대의 기업문화는 두 종류로 나눠질 것이다. 하나는 시대의 변화를 감지하고 스마트워커들이 일하는 스마트오피스로 레볼루션하는 기업이다. 다른 하나는 코로나19가 종식되면 이전의 환경으로 복귀하려는 기업이다. 무엇을 선택하든 자유다. 하지만 선택의 결과는 전혀 다를 것이다.

판이 바뀌는 기하급수의 시대에 기존의 하드워크 기업은 살아남기 위해 치열한 경쟁을 해야 한다. 심지어 동종업계를 넘어 AI를 탑재한 로봇 시스템과도 경쟁해야 한다. 스마트한 기업은 판이 바뀌는 기하급수 시대의 새로운 변화를 천재일우의 기회로 삼고, 로봇(AI)과도 협업할 준비를 한다. 하드워커를 스마트워커로 바꾸는 스마트오피스로 레볼루션하라.

스마트워커들의 일하는 방법과 스마트오피스는 판이 바뀌는 기하급수의 시대에 선택이 아닌 필수이다. 스마트오피스를 구축하느냐, 안 하느냐의 문제가 아니다. 이제는 스마트오피스 레볼루션을 올바르게, 스마트하게, 기업에 맞게, 지혜롭게, 단계적으로 구축하는 전략적 사고가 필요하다. 스마트오피스를 기업에 올바르게 도입하기 위해서는 스마트워크, 스마트 IT 솔루션, 스마트오피스 공간, 3가지 요소의 균형을 맞춰야 한다. 3가지는 서로 영향을 주기 때문이다.

문제를 찾아내고 해결해내고야 마는 사람들의 비밀

문제를 찾아내고 그 문제를 해결해내고야 마는 스마트워커와 스마트오피스의 '자기주도적 업무 환경'에는 어떤 비밀이 숨어 있는지 알아보자.

진화해가는 기업의 스마트워크는 스마트오피스 공간의 진화 과정과 비례한다. 기업마다 일하는 방식과 조직문화가 다르다. 기업 내부에는 여전히 하드워커와 스마트워커가 존재한다.

여기에서 하드워커는 틀리고 스마트워커가 맞다는 이분법적 접근을 말하고자 하는 것이 아니다. 우리는 기계 부속품을 교체하듯이 사람을 교체하자는 게 아니다. 조직원을 하드워커와 스마트워커로 구분하는 기준을 기성세대와 신세대(MZ세대 포함)로 평가하자는 것도 아니다.

사무엘 울만의 시 〈청춘〉에 "청춘이란 인생의 어느 기간을 의미하는 것이 아니라 마음가짐을 말하는 것이다"라는 구절이 있다. '스마트워커'는 회사를 다닌 기간을 의미하지 않는다. 꼰대 중에도 문제를 찾아내고 해결해내고야 마는 스마트워커가 있고, 신세대 중에도 시키는 일만 하는 하드워커가 있다.

문제는 기업의 스마트오피스와 스마트워크에 대한 패러다임이다. 문제를 찾아내고 해결해내고야 마는 기업의 일하는 문화를 어떻게 스마트오피스로 만드는가가 중요하다. 스마트오피스를 도입할 때는 자신의 조직에 맞는 기업문화를 바탕으로 해야 한다. 유행을 좇듯이 무턱대고 스마트오피스, 거점 오피스(주 거점, 스팟 거점), 메타버스 오피스를 구축해서는 안 된다. 하드워크 시대에 통했던 밀어붙이기 식이 아니라 조직에 맞게 목표를 설정하고 단계적으로 적용하고 진화해나가야 한다.

문제를 찾아내고 해결해내고야 마는 스마트워크를 기업에 정착시키려면 스마트오피스의 '자기주도적 업무 환경 시스템'이 구축되어야 한다.

자기주도적 업무 환경은 스마트워커들에게 어떤 심리적 영향을 주는가? 무엇보다 자기가 일하는 공간을 스스로 선택하고, 일의 특성에 맞게 협업과 몰입을 자기주도적으로 결정한다는 것이다. 무엇인가를 스스로 결정하는 것은 몰입의 중요한 조건이다. 몰입과 협업을 반복적으로 경험한 스마트워커들은 서로를 배려하며 스마트오피스에서 '집단몰입'으로 기업의 문제를 찾아내고 해결해내고야 마는 선순환 성장을 경험한다.

스마트오피스는 직원들이 자기주도적 업무 환경을 선택할 수 있는 창의적이고 다양한 공간으로 구성되어야 한다. 그래서 어떤 공간은 트랜스포메이션이 가능해야 한다. 오픈미팅 공간부터 폰부스, 캐주얼 업무 공간, 집중 업무 공간, 프로젝트 룸, 포커스 룸, 소파 회의실, 스탠딩 회의실, 카페테리아, 수면실, 스트레스 측정실, 두뇌에 필요한 산소 공급실, 휴게실 등까지 다양한 공간을 기업문화에 맞게 디자인하면 스마트워커들은 자기주도적으로 선택하고 몰입한다.

이처럼 스마트오피스는 획일적 공간이 아닌 창의적인 공간으로 디자인되어야 한다. 하드워커를 스마트워커로 바꾸는 스마트오피스로 디자인하자.

왜 카카오는 본사를
제주로 이전했을까?

카카오가 본사를 제주로 이전한 이유

2014년 카카오와 다음커뮤니케이션이 합병 계약을 체결하고 다음카카오가 출범하면서 시가총액 3조 4000억 원대의 대형 IT 기업이 탄생했다. 현재 카카오의 본사는 제주시 첨단로 242번지 첨단과학기술단지에 있다. 카카오 본사는 소통과 개방이라는 공간 철학을 담아 제주의 화산동굴을 모티프로, 한라산의 능선과 연결되는 낮은 건축 양식으로 디자인되었다. 카카오는 왜 본사를 제주에 두었을까? 비하인드 스토리는 포스트 코로나를 준비하는 기업들에게 필요한 새로운 기업문화에 대한 힌트가 될 것이다.

다음 창업자인 이재웅 전 대표는 어느 날 회의에 지각한 사원에게 이유를 물었다. 그는 집에서 본사까지 2시간 걸리는데 버스를 놓쳐 제 시간에 오지 못했다고 대답했다. 이 전 대표는 회사의 특성상 개인의 능력(창의성)이 중요한데 24시간 중 4시간을 출퇴근에 허비하면 자신의 역량을 제대로 발휘할 수 있을까 고민하기 시작했다. 그래서 그는 본사를 제주로 이전하고 일하는 공간에 대한 자율성을 강화하는 방식을 택했다.

이와 비슷한 생각을 한 많은 기업 CEO들의 관심은 스마트오피스, 공유 오피스, 거점 오피스 등 새로운 관점의 '일하는 공간'으로 쏠렸고, 많은 기업들이 공간과 기업문화 전반에 대한 혁신에 도전했다. 그러던 중 코로나19 팬데믹이 발생했고 혁신에 대한 통찰이 없었거나 망설이던 기업들도 오피스 공간의 혁신이 필요하다는 것을 절실히 느꼈다. 발등에 떨어진 불을 끄듯 분산 근무와 리모트워크, 유연근무제를 실행하게 된 것이다. 그중 많은 기업들은 '코로나19가 끝나면 언제든 이전으로 돌아갈 것이다'라는 태세였지만, 코로나19의 장기화와 또 다른 전염병에 대한 공포, 그리고 무엇보다 '리모트워크' 근무 형태에 대한 장점으로 혁신의 길로 들어서고 있다. 급한 불을 끄고 나니 눈에 보였던 것이다.

SK텔레콤, KT, 현대자동차 등이 스마트워크센터를 운영하면서 분산 근무에 박차를 가했고, 카카오도 본사는 제주, 계열사는 판교에 터전을 두고 업무 협업 시너지를 위한 오피스 공간을 확보하는 추세다. 과거에는 최대한 많은 인력을 수용하는 것이 원칙이었다면, 서로 다른 근무 형태로 일하는 인력들이 효율적으로 일할 수 있는 공간 구성과 시스템이 중요해지고 있는 것이다. (김정환, "분산근무의 시대, 기업들의 관심이 제주로…", 〈세계일보〉, 2021. 8. 5.) 리모트워크, 분산 근무의 도입으로 9 to 6와 사무실 출근, 즉 정해진 시간 동안 정해진 장소에서 일하는 방식에서 벗어나면서 새로운 사실을 깨닫게 되었다. 그것은 바로 우리가 오랫동안 스마트워커가 아닌 하드워커로 일해왔다는 것이다. 약속된 시간 동안 약속된 장소에서 일하는 것이 무조건 나쁜 것은 아니다. 어떤 일이든 해내기 위해서는 다양한 사람들의 능력이 필요하다. 한 가지 일을 하더라도 많은 사람들과 협업하게 되는 것이다. 이런 상황에서 모두 같은 시간에 모여 일한다는 것은 큰 장점이다. 긴급한 일을 지연 없이 처리할 수 있으며 같은 공간에서 유대가 쌓여 더욱 큰 시너지를 일으킬 수 있다.

하지만 정해진 시간과 공간이 있다는 것은 나의 의지나 상황과는 상관없이 거기에 얽매여야 한다는 의미이기도 하다. 내가 오늘 컨디션이 좋든 나쁘든, 집중이 잘되든 되지 않든, 춥든 덥든, 전염병의 위험이 있든 없든 정해진 장소에 가서 정해진 시간 동안 일해야 한다. 이제까지는 그것을 잘해내는 사람이 훌륭하고 성실한 직원으로 평가받았다. 그것이 틀렸다는 것이 아니다. 하지만 더욱 효율적이고 똑똑한 방식이 지금 비즈니스 현장 곳곳에서 산발적으로 퍼져 있고, 이것은 기업의 경쟁력에 직접적인 영향을 미치고 있다. '열심히 일하기만 하는' 하드워크와 '몰입해서 똑똑하게 일하는' 스마트워크는 어떤 특징을 가지고 있을까?

스마트워크, 무엇을 위한 자율인가?

스마트워크의 가장 큰 특징은 '자율성'이 강조된다는 것이다. 스마트워크는 시간과 장소 모두를 자율적으로 선택해서 일할 수 있다. 동료들과 시너지를 내고 싶을 때는 사무실에서 일하고, 컨디션이 좋지 않거나 조용히 일하고 싶은 날에는 재택근무를 선택할 수도 있다. 또한 독특한 아이디어가 필요할 때 영감을 받을 수 있는 장소에서 일하는 것도 가능하다. 시간도 마찬가지다. 사람들은 몰입하는 순간에 자신도 몰랐던 능력을 발휘하는 경우가 많다. 몰입하는 순간 생산성이 놀랄 정도로 올라가고 개인의 정신적 만족감에도 큰 영향을 끼친다. 스마트워크는 개인이 자신의 몰입 패턴을 관찰하여 최대한 몰입할 수 있는 시간에 업무를 하고 그렇지 않은 시간은 휴식을 취하며 시간 낭비 없이 만족스럽고 효율적으로 일하는 방식이다.

이러한 특징을 바탕으로 하는 스마트워크는 앞으로 많은 기업에서 '일하는 방식의 기준'이 될 것이다. 스마트워크가 바로 지금이 시대의 기업에 절실히 필요한 '스마트워커'들의 일하는 방식이기 때문이다. 열심히 일만 하던 시대는 이제 끝났다. 더 이상 높은 연봉만이 인재 유치 전쟁의 유일한 수단이 아니다. 지금의 인재, 즉 스마트워커들은 누구보다 자신의 역량을 마음껏 발휘하길 원한다. 그런 자신의 비전을 펼칠 수 있는 조직문화와 일하는 방식을 가진 기업을 선택하는 것이다. 인재 경쟁이 치열한 판교 IT 업체들이 하나둘씩 사내 카페를 만들기 시작하고, 채용 페이지에 기업문화와 복지를 설명하는 데 공을 들이는 것도 이 때문이다.

당신의 기업문화와 일하는 방식은 어떤가? 스마트워커들이 마음껏 일하고 역량을 발휘할 수 있는 유연하고, 수평적이고, 자율적인 문화인가, 아니면 이전 방식대로 열심히 일만 하는 문화인가? 후자에 고개가 끄덕여진다면 하루 빨리 변화해야 한다. 일하는 공간과 장소를 선택할 수 있는 유연하고 자율적인 문화, 합리적이고 적극적으로 일할 수 있는 수평적인 문화로 변화해야만 기업의 구성원들을 하드워커에서 스마트워커로 변화시키고 유능한 인재들을 영입할 수 있다.

로봇(AI)과 함께 일하는 조직은 하루아침에 만들어지지 않는다

로봇(AI)과 인간의 관계에 대해 사람들은 자연스럽게 대결 구도를 그리곤 한다. 사람들이 로봇(AI)과의 존재를 인식하게 된 계기는 제각각일 것이다. 누군가는 SF 영화에서, 누군가는 일터에서, 또는 가정에서 그들의 존재를 알게 되었을 것이다. 그러던 중 이세돌 9단과 알파고의 바둑 대결은 충격으로 다가왔다. 2016년 한국의 바둑기사 이세돌 9단과 구글 딥마인드가 개발한 인공지능 프로그램 알파고의 바둑 경기가 있었다. 경기가 치러질 때마다 대국 내용이 대서특필되었고 인간과 AI의 대결에 전 세계가 주목했다. 결과는 4승 1패로 알파고의 승리였다.

이러한 결과를 가볍게 웃어넘긴 사람들도 있었지만 공포를 느낀 사람도 적지 않았다.

SF 영화에서 로봇(AI)을 아무리 고도화된 존재로 그려내도 그저 상상일 뿐이므로 진지하게 받아들이지 않았다. 아직 고도화된 로봇(AI)이 우리의 일상 깊숙이 침투하지는 않았기 때문이다. 하지만 인간과의 바둑 대결에서 승리한 알파고는 달랐다. 인간만이 할 수 있다고 생각했던 고도화된 분야에서 가장 뛰어난 인간을 상대로 알파고는 승리했다. 사람들이 로봇에게 '내 자리를 빼앗길지도 모른다'는 불안감을 느끼는 것은 자연스러운 일이다. 특히 이러한 불안은 자신의 '밥그릇'이 걸려 있는 일터에서 더욱더 크게 작용한다. 새로운 부서 하나만 생겨도, 회사 분위기와 부서 간 관계가 어떻게 바뀔지, 우리 부서와 나에게 불리한 상황이 생기지는 않을지 걱정한다. 그런데 이제껏 겪어보지 않았던 미지의 존재, 사람들의 기대를 한몸에 받고 어떤 속도로 얼마나 발전할지 모르는 존재가 회사에 들어온다는 것은 공포에 가까운 일이다. 생존과도 연관되어 있는 공포를 직시하고 잘 관리할 필요가 있다. 이제 로봇(AI)과 함께 일하지 않는 기업에게 미래는 없다. 다음 이야기가 좋은 예시가 될 것이다.

세계 체스 챔피언이었던 게리 카스파로프가 1997년 슈퍼컴퓨터 '딥블루'에 패하자, 사람들은 앞으로 체스 게임에서 승자는 무조건 컴퓨터가 될 것이라고 단정하고 흥미를 잃었다. 하지만 기계와 사람이 팀을 이뤄 자유롭게 경쟁하는 '프리스타일' 체스 대회가 열리자 상황은 달라졌다. 프리스타일 경기에는 인간과 기계, 기계와 기계, 인간과 인간 등 다양한 조합으로 팀을 구성해 출전할 수 있는데, 인간이 컴퓨터 프로그램의 조언을 참고해 대국하는 인간-기계 혼합팀은 가장 강력한 컴퓨터와의 대결에서도 승리했다.

— 배정원, "알파고의 승리? 기계와 경쟁하지 말라…", 〈조선비즈〉, 2016. 3. 12.

로봇(AI)과 함께한다는 것

여기에서 우리는 2가지를 깨달을 수 있다. 첫째는 로봇(AI)은 우리를 위협하는 존재가 아니라는 것이다. 둘째는 로봇(AI)과 함께 일할 때 최상의 결과를 낼 수 있다는 것이다. 최고의 성능을 가진 컴퓨터보다 인간-기계 혼합팀이 더 좋은 성과를 냈다는 것은 인간이 가장 잘할 수 있는 일과 로봇(AI)이 최상의 성과를 낼 수 있는 분야에 본질적인 차이가 있다는 것을 의미한다. 인간과 로봇(AI)의 역할 분담이 잘되었을 때 최상의 성과를 거둘 수 있다.

로봇(AI)이 할 수 있는 일을 우리는 어떻게 이해하면 좋을까? '1만 시간의 법칙'이라는 말을 들어본 적이 있는가? 1993년 미국 콜로라도 대학교의 심리학자 앤더스 에릭슨(K. Anders Ericsson)이 발표한 논문에서 처음 등장한 개념으로 어떤 분야의 전문가가 되기 위해서는 최소한 1만 시간 정도의 훈련이 필요하다는 뜻이다. 1만 시간은 매일 3시간씩 약 10년, 하루 10시간씩 3년이 걸리는 시간이다. 그는 세계적인 바이올린 연주자와 아마추어 연주자 간 실력 차이는 대부분 연주 시간에서 비롯된 것이며, 우수한 집단은 연습 시간이 1만 시간 이상이었다고 했다.

인간은 자연의 일부로서 여러 한계를 지닌 존재다. 우리는 양분과 물을 매일 섭취해야 하며 일정 시간 이상 수면을 취해야 한다. 또한 뇌, 위, 폐 등의 장기도 각각의 한계를 가지고 있다. 시간 앞에서 대부분의 인간은 평등하며 앤더스 에릭슨의 주장처럼 어떤 분야에 익숙해지고 그것을 잘하기 위해서는 절대적인 '시간'이 필요하다. 하지만 로봇(AI)은 어떤가? 인간이 가진 생물학적 한계에서 비교적 자유로운 존재이다. 먹거나 자지 않아도 되며 학습 기능이 극대화되어 있다. 로봇(AI)은 막대한 양의 데이터를 아주 빠른 시간 안에 습득할 수 있다. 로봇(AI)에게는 1만 시간의 법칙이 적용되지 않는 것이다.

그렇다면 인간의 역할은 무엇일까? 인간은 로봇(AI)에게 어떤 데이터를 학습시켜 어떤 분야의 전문가로 만들지, 그러한 그들의 능력을 바탕으로 어떤 문제를 해결해나갈지를 기획할 것이다. 이러한 역할들을 잘 기억하여 인간과 로봇(AI) 간의 협력 구도를 섬세하게 설계해야 한다. 어떤 드림팀을 짤 수 있을지 고민하기에도 부족한 시간을 로봇(AI)과의 경쟁으로 낭비해서는 안 된다.

모든 분야에서 전문가가 되기 위해 1만 시간, 2만 시간을 들이는 사람은 더 이상 이 시대의 인재가 아니다. 그러한 하드워커의 굴레에서 벗어나 높은 관점으로 전체를 바라볼 수 있는 안목을 가진 '스마트워커'로 거듭나야 한다. 이를 위해서는 조직 전체가 로봇(AI)이라는 존재를 이해하고 자신의 업무에 어떻게 접목할지 진지하게 고민할 필요가 있다. 더불어 업무적인 차원을 넘어 과연 우리 기업이 로봇(AI)과 함께 일할 수 있는 조직문화를 가지고 있는지 고찰해야 한다. 이에 대한 대답이 긍정적이지 않다면 조직문화, 일하는 문화, 그리고 일하는 공간에 대한 혁신이 시급하다. 우리는 로봇(AI)에 대한 두려움을 내려놓고, 그들의 역할과 중요성을 이해하고, 새로운 존재를 받아들일 수 있는 문화를 형성하여 하드워커의 조직에서 스마트워커의 조직으로 거듭나야 한다.

공기처럼 직원들 간의 소통과
협업이 이루어지는 스마트오피스

'곰표밀맥주 좌표'가 동네 커뮤니티 카페의 핫이슈가 된 이유

'없어서 못 산다'는 말이 들려오는 것은 그 제품의 확실한 성공을 의미한다. 2020년 6월 출시된 이후 지속적인 사랑을 받고 있는 곰표밀맥주가 그것이다. 곰표밀맥주는 맥주 제조 전문 기업 '세븐브로이'와 밀가루, 튀김가루, 부침가루 등 70여 년 가까이 제분업계에서 한길을 걸어온 '대한제분'의 협업으로 탄생한 맥주 브랜드이다. '곰표밀맥주'는 출시 이후 7월까지 하루 평균 17만 캔씩 팔려 2021년 8월 기준 현재까지 판매량 600만 개를 넘어섰다.

동네 커뮤니티 카페에는 아직도 '지금 곰표 맥주 있는 곳'이라는 게시물이 올라오며, 곰표밀맥주 재고가 있는 매장을 공유하고 있다. 컬래버 제품의 확실한 성공을 목격한 주류 업계는 앞다퉈 다양한 업종의 기업들과 협력하여 컬래버 상품을 출시하고 있다. 막걸리와 셰이크를 섞고, 소주에 아이스크림을 더하고, 와인과 호텔을 잇기도 한다. 이것은 비단 주류 업계만의 이야기가 아니다. 의류업계, 식품 업계, 숙박 업계 등 고객의 마음을 얻기 위해 많은 업계가 컬래버를 시도하고 있다. 그렇다면 왜 '컬래버'는 지금 이 시대를 돌파하고 있는 기업에게 피할 수 없는 숙명이 되어버린 걸까?

MZ세대부터 빅블러 시대까지

기업 간, 브랜드 간 컬래버에 소비자들이 열광하는 이유는 무엇일까? 먼저 사람들은 새롭고, 신선하고, 재미있는 경험에 이끌리기 때문이다. 이러한 특성은 점차 더 막강한 소비층으로 대두되고 있는 MZ세대의 니즈를 잘 설명하는 특성이기도 하다. 그들은 소비를 통해 다채로운 경험을 하길 바라는 동시에 그 경험을 통해 자신을 표현하려는 경향이 있다. 기존 제품과 다른 컬래버 상품의 강력한 개성과 의미에 끌리는 것이다. 곰표밀맥주가 레드오션인 맥주 시장에서 선택받을 수 있었던 이유도 밀가루 브랜드로 알고 있던 '곰표'에서 밀이 함유된 '맥주'를 출시했다는 신선함과 오래된 브랜드를 '레트로'하게 재해석한 이미지 덕분이다.

컬래버 시대가 열리게 된 두 번째 이유는 사람들이 양질의 경험을 원하기 때문이다. 이것은 질적으로 양호하고 훌륭한 경험을 뜻한다. 시대가 변함에 따라 '양호함'과 '훌륭함'의 정의 또한 달라졌다. 지금은 빅블러(Big Blur), 즉 산업 간 경계가 흐려지며 급변하는 시대이다. 기업 간의 협업 또는 기업 자체의 사업 다각화를 통해 산업 간 경계가 모호해지며 이전에는 볼 수 없었던 새로운 비즈니스들이 나타나고 있다.

구글은 기존에 통신사 대리점에 가야만 개통되던 번거로움을 인터넷으로 코드를 등록하면 바로 사용할 수 있는 eSIM이라는 인증 식별장치를 개발했다. 스마트폰뿐만 아니라 다양한 사물인터넷의 개통 또한 eSIM으로 진행할 수 있으며, 어려운 절차 없이 개통이나 변경이 가능하기 때문에 요금제나 통신사를 필요에 따라 선택할 수도 있다. 세계적인 커피 전문점 스타벅스는 매출이 하락하는 미국 본사와는 반대로 국내에서는 신세계와의 협업으로 눈부신 성장을 이어가고 있다. 신세계와 합작으로 나온 아이디어 사이렌오더 서비스는 한국 특허로 미국 본토로 역수출하며 엄청난 매출을 올리고 있다.

사람들은 자신도 몰랐던 욕구나 필요를 충족해주는 제품과 서비스에 열광한다. 빅블러 현상에 힘입어 컬래버를 통해 탄생한 제품에 사람들이 관심을 가지는 이유도 여기에 있다. 기존의 틀 안에서 벗어나지 않는 제품과 서비스를 내놓는 기업은 고객들과 점점 멀어지게 될 것이다.

소통의 키맨, 스마트피플 그리고 스마트오피스라는 '소통의 광장'

컬래버를 성공적으로 실행하기 위해서는 협업의 가장 작은 단위인 기업 내, 또는 팀 간, 팀 내의 협업이 원활해야 한다. 협업을 잘한다는 것은 단순히 사교적이거나 소통을 잘한다는 것과는 다르다. 물론 성격이 외향적이거나 소통에 능한 것은 협업에 분명한 도움이 된다. 하지만 그것만으로는 부족하다. 협업을 잘하기 위해 필요한 것은 통찰, 즉 높은 관점으로 전체를 볼 수 있는 사고 능력이다. 그런 사고 능력을 가지기 위해서는 먼저 자신의 전문 분야에만 갇혀 있지 않고 다양한 분야에 관심을 두는 열린 마음이 필요하다. 다양한 관점에서 상황을 바라보는 안목을 가진 사람만이 융합적인 아이디어를 생각해내고 협업을 통해 실현할 수 있다.

스마트피플은 이러한 융합적 사고 활동을 바탕으로 한 협업을 숨 쉬듯이 자연스럽게 해내는 사람들이다. 기하급수적 성장의 시대에 스마트피플의 존재가 절실한 또 하나의 이유는 바로 그들이 소통의 키맨이라는 것이다. 스마트피플만 있으면 모든 게 해결되는 걸까? 아니다. 사람은 환경에 적응하는 동물이다. 아무리 활발한 사람도 도서관에 가면 입을 닫는 법이고, 정적인 사람도 페스티벌에 가면 어깨라도 들썩이는 법이다. 스마트피플도 마찬가지다. 아무리 높은 관점과 융합적 사고로 협업할 준비가 되어 있더라도 높은 칸막이는 물론, 팀 간 구역이 단절되다시피 나눠져 있고, 마주칠 열린 공간이나 동선이 전혀 없는 환경에서는 협업에 실패하고 자신에게 갇히기 마련이다. 이것은 협업의 질이 기업의 생사를 가를 만큼 중요하지 않았던 시절의 사무 환경으로 단순히 각자 맡은 일을 해내는 공간일 뿐이다.

앞으로의 비즈니스 현장은 더욱더 협업과 컬래버 없이는 살아남기 어려울 것이다. 이제는 기존의 패러다임에서 벗어나 새로운 관점으로 오피스 공간을 바라볼 필요가 있다. 자연스럽게 서로 이야기를 주고받고, 안부를 나누는 것부터 새롭고 대담한 아이디어를 낼 수 있는, 숨을 쉬는 것처럼 직원들 간의 소통과 협업이 이루어지는 스마트오피스를 하루 빨리 도입해야 한다.

SMART

OFFICE

Part 2

어떻게
스마트오피스를
실현할 것인가?

CHAPTER

스마트피플이
모여들게 하라

스마트피플이 일하고 싶은
기업문화의 4가지 키워드

스마트피플, 그들은 어떤 '종'의 사람들인가?

스마트피플이 일하고 싶어 하는 기업문화의 키워드가 무엇인지 알기 위해서는 먼저 스마트피플의 특징을 이해할 필요가 있다. 스마트피플을 제대로 이해하지 않은 채 키워드만 가지고 공간과 문화를 조성하면 이른바 탁상공론의 낭패를 볼 수 있다. 스마트피플은 어떤 사람들일까?

스마트피플 S씨의 이야기

경제활동을 시작한 지 10년 차인 S씨는 현재 1인 기업처럼 일하

고 있는 프리랜서다. S씨가 처음부터 프리랜서의 길을 걸은 것은 아니었다. S씨의 첫 직장은 국내 유수의 대기업이었다. 그곳의 마케팅부에 입사한 S씨는 마케팅 전략 수립, 협력업체 관리, 캠페인 진행 등 다양한 업무를 경험했다. 적당한 책임이 주어지는 것도, 훌륭한 선배들과 든든한 동료들이 있다는 것도 S씨를 고무시켰다. 하지만 수직적이고 보수적인 기업문화가 S씨의 발목을 잡았다.

당시 S씨가 다니던 기업은 업계 1, 2위를 다툴 정도로 인지도가 높았다. 하지만 여러 크고 작은 기업들이 빠르게 뒤쫓아오는 상황이었다. S씨는 기존의 방식을 유지하되 이벤트성의 획기적인 마케팅이 필요하다고 생각하여 기획안을 작성했지만 길고 복잡한 결재 라인을 거치다 보면 어느새 타이밍을 놓치거나 아예 검토조차 하지 않는 경우도 많았다. 혁신적인 일을 진행하기 어려워지자 S씨는 조금 더 수평적이고 민첩한 조직에서 일하기 위해 이직을 결심했다.

다음으로 S씨가 근무한 기업 역시 이전 기업과 마찬가지로 규모가 크고 업계에서 인지도가 높았다. 하지만 조직도의 모양새는 크게 달랐다. 이전 기업이 큼직큼직한 팀들이 수직적인 형태로 연결되어 있었다면 이 기업은 작은 팀들이 수평적으로 연결된 형태였다. 보고 라인이 짧고 일의 시작, 과정, 마무리가 모두 빠르게 진행되었다. 이전과 다르게 자신의 기획을 발빠르게 실현할 수 있다는 점에서 S씨는 크게 만족했다. 무수한 시도만큼 실패와 성공의 경험이 쌓였고 성취감을 느꼈다.

하지만 이렇게 완벽해 보이는 환경 속에서 S씨는 공허함을 느꼈다. 작은 조직으로 구성원들이 나눠진 만큼 그들 사이의 이질감 또한 컸고, 소속감을 느끼게 해줄 통일된 문화와 소통의 기회가 적었다. 언제부터인가 S씨는 사무실로 가는 발걸음이 무겁고 어색하게 느껴졌다. 그렇게 동료들과 시너지를 주고받으며 재미있게 일하고 싶은 마음이 점점 커지던 때 한 스타트업에서 S씨에게 러브콜을 보냈다. 이제까지 쌓아온 것을 더 적극적으로 활용할 수 있겠다는 마음과 동료들과 더욱 긴밀하게 일할 수 있겠다는 판단하에 S씨는 스타트업으로 옮겨 새로운 환경에서 일하기 시작했다.

S씨의 예상대로 스타트업에서는 모든 조직 구성원과 가깝게 소통하고 시너지를 일으키며 일할 수 있었고 자신의 역량을 시시각각 확인하며 빠르게 성장했다. 하지만 사업이 커지는 속도에 비해 필요한 인원 충원이 더뎌 S씨는 격무에 시달렸다. 또한 탄탄한 비즈니스 모델과 수익구조에 비해 기업의 철학과 비전, 미션 등 본질적인 부분이 확고하지 않아 소수 임원들의 의견으로 중요한 의사결정이 이루어졌다. S씨는 이러한 회사가 위태롭게 느껴졌다.

현재 S씨는 다양한 업체의 마케팅 전략을 세우고 실행하는 프리랜서로 활동하고 있다. 어느 한곳에 속하기보다 자신만의 가치를 가지고 자율적이고 독립적인 방법으로 일하기 위해 선택한 것이다.

스마트피플을 설명하는 4가지 키워드 : 꿈, 재미, 비전, 행복

S씨의 모습을 자세히 들여다보면 스마트피플이 어떤 특징을 가지고 있는지 알 수 있다. 첫째, S씨로 대변되는 스마트피플은 자신에게 생긴 문제를 방치하지 않고 적극적으로 해결하려고 한다. S씨가 안정적인 환경에 안주하지 않고 다양한 프로젝트를 추진하거나, 여러 차례 이직을 선택한 것이 이러한 특징을 잘 설명해준다. 스마트피플에게는 자신만의 생각과 철학을 바탕으로 한 뚜렷한 꿈(dream)이 있기 때문이다. 그들은 자신 앞에 놓인 여러 문제들을 하나씩 해결해나가면서 그 꿈에 가까워진다.

둘째, 스마트피플은 관계 지향적이며 재미있게(fun) 일하기를 좋아한다. 지금 시대에는 한 분야의 지식이나 전문성으로는 문제를 해결하거나 새로운 판을 짜기 어렵다. 어느 때보다 사람 간의 소통과 관계가 중요한 시기다. S씨가 수평적인 문화와 빠른 업무 속도에 크게 만족했던 두 번째 직장을 그만둔 이유도 이 때문일 것이다. 스마트피플은 사람 간의 소통과 시너지가 이 시대에 얼마나 중요한지 알고 있으며, 여러 사람들과 다양한 관점을 나누며 열린 마음으로 일하는 것에서 즐거움을 느낀다.

셋째, 스마트피플은 비전(vision)을 중요하게 생각한다. 그들은 단순히 연봉이나 업계에서 해당 기업이 얼마나 입지가 좋은지 등으로 자신이 일할 기업을 선택하지 않는다. 스마트피플은 누군가는 단순히 구호라고 생각할 수도 있는 기업의 철학, 가치, 미션, 비전 등 본질적인 부분을 더욱 중요하게 생각한다. 그들이 자신만의 비전을 가진 사람들이기 때문이다. 그들은 삶에서 많은 시간을 할 애하고 마음을 쓰는 '일'에 대해 진지하게 생각한다. '이 일을 왜 하는 것인가'에 대한 질문을 멈추지 않고 그것이 자신의 비전과 같은 결을 이루는지 끊임없이 판단한다. S씨가 기업문화, 관계적 교류, 안정성에서 대체로 무난한 스타트업에 다니다 프리랜서로 전향하게 된 이유도 그 때문이다. 뿌리 없는 나무의 가지치기를 하는 기분이 S씨에게 유쾌했을 리 없을 것이다.

넷째, 스마트피플은 자신의 행복(happiness)을 지키는 사람들이다. 스마트피플은 '워라밸'이라고 불리는 일과 삶의 가장 큰 두 축의 균형을 자율적으로 조절하며 행복한 방향으로 자신의 삶을 설계한다. 로봇(AI)과 같은 신기술이 획기적으로 발전하고, 기존 방식이 붕괴되고 있는 지금의 상황이 언뜻 보면 사람의 자리가 점점 좁아지고 그 역할 또한 축소되는 듯하다. 하지만 앞으로 '사람', 그 중에서도 스마트피플의 중요성은 더욱 커질 것이다. 기술을 만드는 것도, 만들어진 기술을 융합하고, 관리하고, 발전시키는 것도 모두 사람이 해야 하는 일이다.

우리 기업이 이 혼란하고 숨 가쁜 기하급수의 시대를 성공적으로 돌파하여 경쟁력을 가지기 위해서는 스마트피플이 모여들게 해야 한다. 그들을 연봉이나 복지 등의 요소로 끌어당길 수 있을지 모르지만 함께 지속성장을 해나가기 위해서는 그들이 일하고 싶어 하는 문화를 구축하는 것이 필수적이다. 앞서 언급한 스마트피플이 추구하는 4가지 키워드, 꿈, 재미, 비전, 행복을 바탕으로 기업문화를 점차적으로 바꿔나가야 한다. 우리가 나아가야 하는 방향과 상반된 고착된 문화들을 부작용 없이, 효율적으로 변화시키기 위해서는 공간을 활용해야 한다. 물은 담기는 그릇에 따라 역할과 모양이 달라지듯이 기업의 조직원들과 문화 또한 일하는 공간을 통해 혁신할 수 있다.

스마트피플이 꿈을 꾸고 그것을 실현하기 위해서 열려 있고 다양한 상황에서 몰입을 일으킬 수 있는 오피스 환경을 조성해야 한다. 우리 기업의 조직원들이 서로 시너지를 내며 즐겁게 일하기 위해서는 캔틴, 라운지, 오픈미팅 공간 등 사람이 모이는 공간의 동선이 매끄럽고 다양한 형태의 협업 공간을 제공할 수 있어야 한다. 언택트가 활성화됨에 따라 오피스 공간은 단순히 업무 공간이 아닌 통합적인 기능을 가진 본사 역할을 해야 한다. 또한 구성원들의 워라밸과 자율성을 지원하고 불편함 없이 리모트워크를 실행할 수 있는 기술적 솔루션을 제공해야 한다. 마지막으로 오피스 공간은 기업의 철학, 가치, 미션, 비전을 담아내고 그것을 강화할 수 있는 방향으로 구축되어야 한다. 이러한 요소들이 공간 혁신 시작 단계부터 빠짐없이 고려될 때 스마트피플이 일하고 싶어 하는 기업으로 거듭날 것이다.

톱 인재들이
유목민처럼 일하는 이유

코로나19가 미래를 10년 앞당겼다고 하는 요즘 그 미래를 일상 곳곳에서 발견한다. 그중에서도 가장 주목할 만한 것은 단연 일터 의 변화다. 코로나19 이전부터 회사에 도입하려 했던 일하는 방법 이 하나 있다. 그것은 바로 '리모트워크'였다. 리모트워크는 '멀리 떨어져 있다'는 뜻의 리모트(remote)와 '일하다'는 뜻의 워크(work) 의 합성어로 언제, 어디서, 누구와도 일할 수 있는 업무 형태를 말 한다.

리모트워크는 미국 실리콘밸리 일대에서 등장하여 주로 신생 IT 기업을 중심으로 발전했는데, 우리나라에서는 도입이 더딘 편 이었다. 그만큼 '눈에 보이지 않는 상태'에서 일하는 것에 대한 문화적 진입 장벽이 있었다. 그러다 코로나19 팬데믹을 만나면서 많은 기업들이 리모트워크를 시작하게 되었다. 우리 회사 또한 전 직원의 리모트워크를 목표로 리모트워크 시범 부서를 정하여 순차적으로 일하는 방식을 바꿔가고 있다. 어떤 팀이 리모트워크의 문을 열기에 적절할 것인가에 대해 오래 고민하지 않았다.

우선 노트북으로 원활한 업무가 가능하며 업무 분담이 비교적 분명하게 나눠져 있던 브랜드마케팅팀 팀원들과 최소한의 가이드라인을 정한 후 빠르게 리모트워크를 도입했다. 하루 단위의 루틴으로는 오전 미팅과 오후 마감 미팅, 업무 공유를 위한 업무일지 작성을 두고, 일주일 단위로는 한 번의 대면 미팅과 한 번의 화상 미팅, 그리고 한 달 단위의 루틴으로는 워크숍과 리모트워크 리뷰 캐주얼 미팅을 두었다. 도입한 지 6개월이 지난 지금도 브랜드마케팅팀은 리모트워크를 실행하고 있다. 처음에 설정한 루틴으로 기초를 단단히 다진 덕분에 기존 루틴에서 서서히 군더더기를 덜어가며 더욱 자율적인 분위기에서 리모트워크를 실행해나가고 있다.

리모트워크를 도입하면서 브랜드마케팅팀 팀원들의 만족도가 높아진 것은 물론 성과를 꾸준히 내며 리모트워크 환경에서도 팀이 성장할 수 있다는 것을 전 직원이 공감하고 있다. 또한 상당 기간 공석으로 두었던 브랜드마케팅팀의 중간 관리자를 채용했는데 회사로 출근해야 한다는 제약이 있었던 예전과 다르게 리모트워크를 전제로 했기에 지금 회사에 꼭 필요했던 스마트피플과 연을 맺을 수 있었다. 그의 거주지는 제주도이며 2주에 한 번 본사에서

전체 회의를 가지는 날 이외에는 리모트워크를 기반으로 일하기
로 했다.

실리콘밸리가 리모트워크의 요람이 된 이유

사소한 변화로 보이지만 지금부터 시도하는 기업과 그렇지 않
은 기업의 10년 후는 완전히 달라져 있을 것이다. 앞으로는 리모
트워크가 다양한 관점에서 혁신을 일으키며 그 가치를 인정받게
될 것이다. 지금부터 그 가치들을 하나씩 짚어보려고 한다.

리모트워크가 중요한 첫 번째 이유는 바로 스마트피플이 선호
하기 때문이다. 스마트피플은 어떤 관점에서 보았을 때 모두 기획
자이다. 기획자의 덕목 중 빼놓을 수 없는 것이 바로 판을 짜는 능
력이다. 스마트피플은 누군가 짜놓은 판에 속하는 사람이 아니라,
판을 새로운 방식으로 기획하는 사람이다. 그들에게는 자율적으
로 생각하고 일할 수 있는 환경이 중요하다. 자신에게 많은 선택권
이 주어진 자율적인 환경에서 가장 효과적으로 역량을 발휘하는
그들에게 일하는 장소와 시간, 그리고 사람까지 유연하게 선택할
수 있는 리모트워크가 가장 효과적인 방식이라는 것에는 의심의
여지가 없다. 회사는 그들이 9 to 6, 사무실 출근이라는 제약에 발
목을 잡히지 않고 심리적 만족감과 안정감을 느낄 수 있는 환경을
조성할 의무가 있다. 그러한 환경을 마련해놓지 않고 일할 사람이

없다고 불만을 토로해서는 안 된다.

리모트워크는 분명 기업에게도 장점이 있다. 부동산 임대료 등 공간을 유지하고 꾸미는 비용을 줄일 수 있다. 실리콘밸리가 리모트워크의 요람이 되었던 배경도 이와 관련이 있다. 실리콘밸리는 임대료가 너무 높아서 부담해야 하는 비용 또한 상당하다. 실리콘밸리뿐 아니라 주변의 많은 기업들이 리모트워크를 도입하며 기존의 사무실을 스마트오피스 또는 코워킹스페이스 형태로 개선하고 절감된 비용을 직원들의 복지 향상 등 더욱 생산적인 활동에 투자하고 있다.

리모트워크를 도입한 기업은 스마트피플을 영입하는 데도 경쟁력을 갖게 된다. 그들이 원하는 업무 형태를 갖추고 있으므로 채용할 수 있는 인재의 범위가 넓어지는 것이다. 이외에도 리모트워크는 대도시 인구 집중화 현상과 환경오염이라는 사회적 이슈에 대해서도 해결의 실마리를 제공할 수 있다. 하지만 모든 혁신이 그러하듯 리모트워크 도입에도 많은 위험이 도사리고 있다. IBM, 야후, 등 리모트워크를 도입했다가 원래의 방식으로 돌아온 기업들이 입을 모아 리모트워크의 문제점으로 뽑은 것은 바로 소통이었다.

기술의 발전을 통해 우리는 언제, 어디서, 누구와도 연결될 수 있지만 어떻게 해야 잘 연결될 수 있을지에 대해 진지하게 고민하는 시간을 가지지는 못했다. 이러한 과도기적 상황에서 여러 문제들에 맞닥뜨리게 된 것이다. 치명적으로 작용할 수 있는 시행착오들을 줄이기 위해 먼저 고민해보아야 할 것은 리모트워크의 본질이다. 리모트워크의 의미만을 따진다면 언택트를 중시하는 것처럼 보이지만 사실은 컨택트를 전제로 하고 있다. 단단한 연결이 바탕이 되어야만 각자의 시간과 공간에서 시너지를 내며 일할 수 있다. 진정한 의미의 리모트워크를 위해서는 컨택트가 기반이 되어야 한다. 그러한 컨택트의 기반을 다지는 핵심 열쇠가 바로 스마트오피스이다.

리모트워크에서 스마트오피스의 역할

스마트오피스는 모든 구성원이 동화할 수 있도록 돕는 가장 강력한 물리적 요소인 동시에 기업의 문화와 시스템 전략을 포함하는 개념이다. 따라서 리모트워크를 도입하고 있거나 도입하려는 기업이라면 스마트오피스 구축이 필수적이다. 스마트오피스를 구축할 때는 두 마리 토끼 중 어느 하나도 놓쳐서는 안 된다.

첫째는 스마트오피스를 대면 상황에서 강력한 소통 공간으로 디자인하는 것이다. 리모트워크가 점차 일하는 방식의 기준이 된다면 오피스는 단순히 모여서 일하는 공간이라는 인식을 뛰어넘어 콘택트 허브인 본사로 거듭날 것이다. 10년 후에도 사라지지 않고 새로운 판에서 대담한 아이디어를 실현하고 싶다면, 그런 사람들이 모인 회사를 경영하고 싶은 사람이라면 오피스를 단순히 업무하는 공간으로 생각하는 틀에서 하루빨리 벗어나야 한다.

둘째는 비대면 상황에서도 조직원 간의 연결이 원활히 이루어질 수 있는 문화와 시스템을 구축하는 것이다. 온라인에서도 조직원들이 서로 소통할 수 있도록 다양한 연결 창구를 마련하는 것이 중요하다. 업무 진행 공유, 공동 작업, 화상 미팅 등 원활한 업무를 위한 가장 기본적인 시스템 외에도 스몰토크, 잡담 등을 나눌 수 있는 채널을 마련하여 사무실에서 자연스럽게 이루어질 수 있는 교류를 온라인화할 필요가 있다.

우리가 잊지 않아야 할 것은 우리가 떨어져 일하는 것이 각자의 리듬을 가지고 더 큰 판에서 더 다채롭고 효율적으로 연결되기 위해서라는 점이다. 우리는 잘 '떨어져서 일하기 위해' 언택트 환경만큼 컨택트 환경 또한 단단히 다져야 한다. 이 두 마리 토끼를 모두 잡을 수 있는 것이 바로 스마트오피스이다.

반절 시간으로 10배의 성과를 내는 사람들의 비밀

하루를 48시간처럼 활용하는 사람들

어느 회사나 조직이든 '사기캐'라고 불리는 사람이 한둘씩은 있기 마련이다. '사기캐'란 '사기 캐릭터'의 준말로 평균적인 능력치보다 월등하고 강한 만화 또는 게임 속 캐릭터를 뜻한다. 놀라운 능력을 뽐내는 가상의 캐릭터처럼 일반적인 사람들이 가질 수 없는 생산성을 발휘하는 사람들을 '사기캐'라고 부른다. 학업뿐 아니라 운동, 예술 등 다양한 분야에서 뚜렷한 성과를 내는 사람, 처음 도전하는 분야에서 단기간에 성취를 이뤄내는 사람, 한 가지 일에 오랫동안 집중하여 자신이 뜻한 바를 이루는 사람들이 있다. 회사에서 사기캐라고 불리는 사람들은 어떤 사람들일까?

일과 인재를 연결하는 취업 플랫폼 잡코리아에서 '솔직히 진짜

대단한 직장인 유형'을 꼽았다. '출근하기 전 아침 운동하는 사람', '매일 아침마다 도시락 만들어 오는 사람', '학업과 직장 업무를 병행하는 사람', '업무 능률을 향상하기 위해 꾸준히 공부하는 사람', '매번 새로운 취미를 배우는 사람' 등이다. 이 콘텐츠는 다양한 커뮤니티와 SNS에 확산되며 '나는 출근도 거우 하는데 어떻게 저럴 수 있냐', '자기 관리의 끝판왕'과 같은 반응을 얻었다. 경외에 가까운 시선을 받는 '사기캐 직장인'들의 공통점은 무엇일까? 그것은 바로 하루를 24시간이 아닌 48시간처럼 산다는 것이다.

출근하기도 빠듯한 시간에 운동을 하고 건강식 도시락을 싸고, 밀려오는 업무를 처내기도 바쁜 시간에 효율을 높이기 위한 학습을 병행하고, 쉴 시간도 부족한 퇴근 후에 취미까지 즐기는 이들의 비밀은 무엇일까? 그들에게 더 많은 시간이 주어질 수는 없다. 그렇다면 그들의 비밀은 바로 24시간을 48시간으로 만드는 '생산성'에 있다.

몰입, 창의성 : 인간의 생산성을 극대화하는 2가지 키워드

생산성은 투입된 시간과 노동 대비 결과의 질과 양으로 판단하는 개념이다. 기계는 생산성을 측정하거나 생산성을 결정하는 요소들을 파악하기도 쉽다. 어떤 기계를 얼마에 사들여 얼마 동안 사용했을 때 얼만큼의 결과가 나오는지를 기준으로 특정 기계의 생산성을 판단하면 된다. 하지만 사람의 경우는 다르다. 사람은 고유한 정신 상태와 능력을 가지고 있다. 그중 사람의 생산성을 결정짓는 2가지 요소가 있다.

첫째는 집중력, 즉 몰입하는 능력이다. 몰입은 사람이 가진 지적, 신체적 능력을 극대화할 수 있는 정신 상태이다. '에너지가 한 곳으로 모여 자신까지 잊게 만드는' 무아지경 속에서 능력을 최대한으로 사용하여 최적의 결과를 만들어낸다. 몰입은 양질의 결과뿐만 아니라 몰입 경험 자체가 긍정적인 에너지를 가져다준다. 피트 닥터 감독의 애니메이션 〈소울〉은 몰입의 경험이 우리에게 얼마나 큰 행복감과 에너지를 주는지 잘 표현한 영화이다.

〈소울〉에는 자신의 오랜 꿈을 이루기 직전 불의의 사고로 '태어나기 전 세상'에 떨어진 '조'와 '태어나기 전 세상'에서 가장 오랜 시간을 보낸 영혼 '22'가 주인공으로 등장한다. 뉴욕의 음악 선생님 '조'는 자신이 동경하던 밴드의 일원으로 재즈 연주 무대를 앞두고 사고를 당한다. 갑작스럽게 영혼이 되어 '태어나기 전 세상'에 떨어진 '조'는 그곳에서 지구로 돌아갈 기회를 얻기 위해 다른 영혼들과 달리 지구에 가기 싫어하는 영혼 '22'의 멘토가 된다. '22'가 지구에 가기 위해서는 그의 마음을 움직일 '마음의 불꽃'이 필요하다. 영화는 '22'의 마음에 불꽃이 일기까지 둘 사이에 일어난 긴장감 있지만 아름다운 여정을 그린다.

영화에서 그리는 다양한 시공간 중 '무아지경'에 빠진 사람들이 존재하는 공간이 있다. 그 공간은 '조'가 피아노를 칠 때 자주 들르던 장소이기도 하다. 그곳에서 악기를 연주하거나, 춤을 추거나, 책을 읽거나, 글을 쓰는 사람들은 몰입의 아우라를 뿜내며 황홀경에 빠진 모습이다. 이러한 장면들은 우리가 어떤 것에 몰입할 때, 마치 다른 시공간으로 옮겨 가 깊은 충만감과 행복을 느낄 수 있다는 것과 그러한 몰입의 경험이 우리에게 얼마나 양질의 에너지를 주는지를 깨닫게 해준다.

둘째는 창의성이다. 창의성은 단순히 독특하거나 기존에서 벗어난 모든 사고를 이르는 말이 아니다. 비즈니스 상황에서 창의성은 '문제 해결력'과 깊은 관련이 있다. 기존의 루트와 방법으로 어떤 목적지에 가려고 한다면 그 이유가 있을 것이다. 시간을 단축한다거나 다른 경험을 한다거나 또는 더 편하기 때문일 수도 있다. 목적의 핵심을 파악한 후 그에 알맞은 해결 방법을 생각해내는 것이 창의력이다. 따라서 창의성은 생산성에 직접적인 영향을 미친다.

'스마트피플'은 높은 수준의 생산성을 가진 사람들이다. 그들은 높은 수준의 '몰입 능력'과 '창의성'을 가지고 있으며 상황에 따라 이 둘을 잘 활용할 줄 안다. 2가지 외에도 생산성에 영향을 미치는 요소가 하나 더 있다. 그것은 바로 신체적, 정신적 컨디션이다. 아무리 집중력과 창의성이 좋다 해도 지독한 열감기에 걸렸거나 스트레스가 극심한 상황이라면 그 역량은 제로에 가까워지기 마련이다. 사람은 주변 환경의 영향을 받기 때문에 신체적 정신적 컨디션이 늘 한결같을 수 없다. 그날의 날씨나 출근길에 일어난 일들, 회사에서 마주치는 동료들과의 관계, 그날의 기분이 생산성에 영향을 미칠 수 있다.

조직 구성원들의 생산성을 책임지는 공간, 스마트오피스

스마트오피스는 스마트피플이 가진 생산성을 극대화하고, 하드 워커도 자신의 생산성을 강화해나갈 수 있도록 생산성을 결정하는 3가지 요소를 섬세하게 고려하여 디자인해야 한다. 먼저 스마트오피스는 몰입할 수 있는 공간이 되어야 한다. 일반적으로 '몰입'을 위해서라면 닫혀 있는 개인적인 공간이 필요하다고 생각하기 쉽다. 하지만 업무 특성과 사람의 상태에 따라 몰입이 쉽게 일어나는 공간이 다르다. 독서실 같은 환경이 필요한가 하면 백색소음이 적절히 섞인 카페와 같은 공간이 적합하기도 하다. 스마트오피스는 다양한 결의 공간을 조직 구성원들에게 제공할 수 있어야 하며, 어떤 공간에서도 매끄럽게 업무가 진행될 수 있도록 디자인되어야 한다.

다음으로 스마트오피스는 조직 구성원들의 창의적인 사고를 자극할 수 있는 공간이어야 한다. 고정적이지 않은 다양한 동선을 구성하여 구성원들의 사고가 틀에 박히지 않도록 하고 적절한 놀이 공간과 양질의 휴식으로 사고와 마음의 폭을 넓혀주어야 한다.

마지막으로 신체적 정신적 컨디션 관리를 위해 조직 구성원들의 스트레스를 최소화하고 온도, 습도, 공기청정도 등을 적정 수준으로 유지해주어야 한다. 직원들의 불편함을 없애는 것에 초점을 맞춰야 한다. 불쾌감을 유발하는 환경뿐 아니라 복잡하게 꼬인 동선과 파티션은 사람들의 움직임을 더디게 하고, 소통을 어렵게 하여 스트레스를 가중시킨다. 늘어난 스트레스는 구성원들의 신체적 정신적 컨디션에도 영향을 미쳐 몰입을 어렵게 만든다. 결국 창의적인 사고를 제한하는 것이다. 반절의 시간으로 10배 성과를 낼 수 있는 스마트오피스를 구축하기 위해서는 몰입, 창의성, 환경 3가지 요소를 빠짐없이 고려해야 한다.

일 잘하는 애 옆에 일 잘하는 애, 또 그 옆에 일 잘하는 애

'일 잘하는 사람'이라는 말을 들으면 어떤 사람이 떠오르는가? 문제를 해결하는 사람, 부지런한 사람, 일 처리가 빠른 사람, 창의적인 사람, 진실된 마음으로 일하는 사람 등 많은 유형의 사람들이 떠오를 것이다. 모두 틀린 말은 아니지만 핵심이라고는 할 수 없다. 일 잘하는 사람, 즉 스마트피플의 역할이 어느 때보다 중요한 시대이지만 그들을 알아보는 눈을 가진 사람은 드물다. 이는 빠르게 흐르는 혁신의 급류에 미처 올라타지 못했기 때문이다. 이전 패러다임에서 벗어나지 못한 것이다. 빠른 물살을 가로지르며 흐름을 만들고 있는 스마트피플은 어떤 사람들일까? 모 기업의 일화를 살펴보자.

스마트피플, 판을 짜고 생태계를 만드는 사람들

최근 가파른 성장 곡선을 그리며 무서운 속도로 해당 업계 3군에서 1군으로 올라선 기업이 있다. 성장의 핵심은 몇백억 규모의 투자 유치도 아니고 CEO의 결단도 아니다. 전략기획팀에 합류한 A씨가 바로 성장의 키맨이다. A씨를 채용하는 과정에서 임원진들의 반대가 심했다. A씨가 제출한 경력기술서가 쟁점이었다. A씨는 기획부터 영업, 신제품 개발, 디자인, 기술까지 도무지 일관된 경력을 쌓았다고 할 수 없었다. 일부 임원들이 다방면으로 유능한 인재일 것이라고 판단한 것과 달리 대부분의 임원들이 화려하기만 할 뿐 어느 것 하나 제대로 하지 못할 것이라며 비관적으로 보았다.

우여곡절 끝에 A씨의 입사가 결정되었다. A씨가 입사한 후 실무진 사이에서 새로운 바람이 불었다. 처음에 그것은 모래바람이었다. 회의에서 A씨가 내놓는 의견들은 하나같이 난도질당했으며 미꾸라지 한 마리가 물을 흐린다며 곳곳에서 불만이 터졌다. 하지만 그 바람이 맑은 5월의 산들바람이 되기까지는 그리 오랜 시간이 걸리지 않았다. A씨가 처음부터 고집했던 의견은 부서 간의 혁신적 협업 시스템 구축이었다.

A씨는 기본적이고 필수적인 교류를 넘어 새로운 비즈니스 모델을 위한 협업을 주장했다. 처음에는 업무가 과중되고 협업의 범위가 모호하다며 격렬하게 거부 의사를 밝히던 구성원들이 회의와

TF 활동을 거듭하며 조금씩 A씨의 말에 귀를 기울였다. 작은 성과들을 동력으로 TF가 수없이 구성되고 해체되길 반복하더니 이내 굵직한 윤곽이 잡혀갔다. 그 후로는 무서운 속도로 협업이 고도화되었고 그로부터 얼마 지나지 않아 기존 비즈니스 모델에서 5배의 성과, 신규 분야에서도 유의미한 수익이 창출되었다. 특히 A씨를 주축으로 한 신규 비즈니스 모델은 동종 업계의 어느 기업도 시도하지 않았던 방식이었기에 장애물 하나 없이, 말 그대로 승승장구했다.

또 하나의 변화가 있다면 A씨 주변 풍경이었다. A씨와의 회의를 꺼리던 임직원들이 오히려 A씨의 스케줄을 살피며 회의를 요청했다. 또한 인재가 귀한 전략기획 분야의 입사 지원율이 높아졌으며 입사 희망자들의 경력과 능력 또한 이전과 비교할 수 없을 정도로 높아졌다. A씨 곁에 사람이 마를 날이 없었다. A씨를 주축으로 인재 생태계가 형성된 것이다. 이 이야기에서 어떤 점에 주목하였고, 어떤 실마리를 찾았는가? 우리가 주목해야 할 것은 2가지다. 첫째는 바뀐 시대에 '일 잘하는 사람'의 정의, 둘째는 일 잘하는 사람이 만드는 '생태계'이다.

먼저 이 시대의 '일 잘하는 사람'에 대해 이야기해보자. 가까운 과거에 비즈니스는 아무나 시작할 수 있는 일이 아니었다. 숙박업을 하려면 호텔, 은행업을 하려면 은행, 자영업을 하려면 가게가 있어야 했다. 초기 자본이 필요하고 여러 사람의 손을 거쳐야 했으며 안정화와 성장까지 오랜 시간이 걸렸다. 하지만 지금은 건물 하나 짓지 않고도 숙박업에 뛰어들어 가파른 성장 곡선을 그리는 기업도 있고, 오로지 앱과 홈페이지로만 금융 서비스를 제공하는 은행, 실물 사업장 없이 가게를 운영하는 사장들도 있다. 사업의 시작점과 성장 방식이 완전히 바뀐 것이다.

패러다임은 이미 바뀌었다. 이전의 방식을 벗어던지고, 바뀐 패러다임에 신속하게 합류한 사람들이 주도권을 쥐며 판을 새롭게 만들고 있다. 그들은 기하급수적으로 발전하고 있는 기술을 이용해 넉넉한 무대를 만들었다. 우리에게는 이런 무대를 만들 수 있는 사람, 즉 복합적인 관점에서 대담한 아이디어를 낼 수 있는 사람이 필요하다. 이전처럼 막대한 자본을 들이고, 목소리 높여 우리 이름을 외치지 않아도 사람들이 찾아오는 그런 무대를 꾸릴 사람 말이다.

이전 시대에는 한 분야에 대한 지식과 경험이 중요했던 것과 달리 지금 시대에는 여러 분야를 아우르고 그것을 바탕으로 통찰을 일으킬 수 있는 능력이 더욱 중요하다. 실제로도 거대 기업의 경영자는 자신의 기업 실무자(전문가)들이 하는 일을 하지 못한다. 그들은 실무 능력 대신 다채로운 기술과 관점을 융합하는 능력에 특화되어 있다. 4차 산업혁명의 기술들은 언뜻 보면 특정 분야에 대해 천재적인 능력을 가진 인재들이 주도하고 있는 것으로 보인다. 하지만 실제로는 그 기술을 가지고 '놀 줄 아는' 5%의 스마트피플에 의해 판이 짜여지고 있다.

또 하나 우리가 주목해야 할 점은 그들이 생태계를 만들어낸다는 것이다. 그들은 서로를 알아보고 모여서 소통하고 성장하고자한다. 그 5%의 인재가 되길 열망하는 30%의 인재들이 있다. 그들또한 5% 그룹에 들어가고자 한다. '동료가 복지'라는 말이 있다. 소위 '잘나가는' 유니콘 기업의 채용 페이지에서 자주 확인할 수 있는말이다. 보너스도, 휴가도, 상여금도 아닌 '동료'가 복지가 되는 시대이다. 스마트피플이 모이는 과정을 증명해주는 양상이기도 하다. 일 잘하는 사람들은 일 잘하는 사람들 옆에 있고 싶어 한다. 성장하고자 하는 열망이 있기 때문이다. 그렇다면 어떻게 해야 그들과 함께 일할 수 있을까?

5%의 스마트피플을 확보하는 가장 손쉬운 방법이 '연봉'이라고생각할지도 모른다. 일정 부분 맞는 말이지만 '돈'이라는 요소가5%의 인재를 끌어들일 수는 있어도 머물게 할 수는 없다. 스마트피플을 머물게 하고 그들을 기반으로 한 생태계를 조성하기 위해서는 그에 걸맞은 문화와 업무 공간을 조성해야 한다. 우리가 해야할 고민은 어떻게 우리 기업의 문화와 오피스가 스마트피플을 끌어당기는 자석이 될 수 있을 것인가이다.

구글과 같이 이미 성공한 거대 기업의 공간을 그대로 따라 하면되지 않을까? 하지만 지금 우리가 사용하고 있는 공간은 백지가아닐 뿐 아니라 이미 조성된 생태계가 있기에 무작정 스마트피플에게만 100% 맞춰서는 안 된다. 현재 생태계를 분석하여 어떻게변화할 수 있을지, 틈을 낼 수 있을지 고민하는 시간이 필요하다.충분히, 그렇지만 신속하게 현재 문화와 공간을 진단한 후 스마트피플을 주축으로 더욱 풍성한 생태계로 나아갈 수 있는 전략을 세워야 한다. 각 기업에 따라 세부 전략이 바뀌겠지만 '일 잘하는 애들'이 모여 일하고 싶어 하는 스마트오피스를 구축하는 데 필수적인 사항이 있다.

'일 잘하는 애들'이 일하고 싶어 하는 스마트오피스

첫째, 스마트오피스는 동화를 기반으로 한 협업의 공간으로 기능해야 한다.

> "수시로 마주치고, 부딪히고, 붙잡고 언제 어디서든 이야기를 나눌 수 있다면 혁신이라는 마법은 절로 일어난다."
>
> – 토니 셰이, 자포스 창업자

혁신은 협업에서 시작되고 협업은 소통에서 나오며 소통은 동화에서 나온다. 스마트피플은 각 분야를 연결하는 사고가 가능하다. 그들이 매끄럽게 일하기 위해서는 동화, 소통, 협업, 혁신이 가능한 공간이 필요하다. 따라서 동화의 키워드를 우선적으로 고려해서 공간을 디자인해야 한다. 스마트오피스 공간 구획의 첫 번째 목적은 조직원의 협업을 통한 시너지 창출이다. 관계 우선의 법칙을 염두에 두고 개인, 팀, 부서 등의 세부 연결 지점을 고려하여 공간 구성 전략을 세워야 한다.

둘째, 스마트오피스는 다양한 방식으로 일할 수 있는 공간이어야 한다. 스마트피플은 효율성을 높이기 위해 자신의 업무와 컨디션에 따라 다양한 방식으로 일하기를 원한다. 이런 필요성에 발맞춰 스마트오피스에서 트랜스폼 기능이 점차 증가하고 있다. 업무 책상만 해도 높낮이가 조절되는 기능으로 진화하고 있다. 그리고 빈도수에 비해 공간을 너무 크게 차지하는 대회의실에 트랜스폼 기능을 적용하여 한쪽 벽을 무빙 월로 바꾸면 다른 공간과 합쳐서 전체 행사를 진행할 수 있는 공간으로 변신한다.

무엇보다 중요한 변화는 고정적이지 않은 공간 활용이다. 기존 오피스는 자기 자리와 회의실 등 한정된 곳에서 업무를 획일적으로 수행했다면, 스마트오피스는 다양한 방식으로 자유로운 업무가 가능하다. 스마트피플을 비롯한 구성원들이 공간을 즐기고 어떤 업무를 하더라도 몰입할 수 있는 고효율의 업무 환경을 제공하는 것이다.

셋째, 스마트오피스는 IT 기술을 활용하여 리모트워크를 지원할 수 있어야 한다. 스마트피플은 유연하게 일하기를 선호한다. 기업들은 공간과 시간의 제약에 얽매이지 않는 스마트피플을 영입할 준비가 필요하다. 예를 들어 우리에게 필요한 기술적 솔루션을 설계할 수 있는 개발자가 수백 킬로미터 떨어진 곳에 있더라도 함께 일할 수 있는 환경을 구축해야 한다.

앞으로는 새롭게 떠오르는 혁신적 기술들을 기반으로 모든 것이 변화를 거듭해나갈 것이다. 기업은 그 변화를 발 빠르게 받아들이고 기술과의 긍정적인 상호작용을 위해 지혜를 발휘해야 한다. 그러한 지혜를 통해 발전된 기술을 수용한다면 이전 시대에 해결할 수 없었던 일들에 대한 해답이 나올 수 있고, 든든한 경쟁력이자 성장의 동력이 될 것이다.

무섭게 몰입하고 멋지게 노는
스마트피플

새로운 팀을 이끈 지 6개월 된 A팀장에게는 두 달 전부터 아무리 생각해도 답을 내릴 수 없는 질문이 하나 생겼다. 그것은 바로 '우리 팀의 문제는 무엇일까?'이다. 처음에는 아무 문제 없다고 생각했다. 결성된 지 세 달도 채 되지 않은 시점에서 큰 성과를 냈고, 팀원들 모두 성실하게 책임감을 가지고 일했으며 각 개인의 능력도 뛰어났다. 또한 평소 회의를 통해 서로의 의견을 활발히 나눴으며 대체로 활기찬 분위기에서 업무를 진행했다.

문제의 시작은 B팀이 A팀 옆으로 자리를 옮겨 오면서 일어났다. A팀장은 처음 B팀의 분위기를 보았을 때 '너무 삭막하다'고 생각했다. B팀의 팀원들은 그야말로 쥐 죽은 듯이 조용했고, 점심 또한 각자 먹는 분위기였다. A팀장은 B팀을 곧 뿔뿔이 흩어질 위태로운 팀이라고 생각했다. 하지만 B팀의 무서운 성장세를 보며 A팀장은 불안해지기 시작했다. B팀의 놀라운 성과는 A팀장을 압박했다. 하지만 팀원들의 잦은 야근과 몇 차례 프로젝트 무산으로 눈에 띄게 사기가 저하 된 것 또한 A팀장의 고민거리였다. 이러한 날들이 이어지던 중 B팀장과 함께 출장길에 오른 A팀장은 자신의 답답한 마음을 털어놓았다.

B팀장의 입에서는 A팀장이 생각하지 못했던 단어가 하나 나왔다. 바로 '몰입'이었다. B팀장은 A팀장에게 팀원들의 개인적 몰입, 그리고 팀 전체의 집단적 몰입의 질을 관리해야 한다는 조언을 건넸다. A팀장은 그 말을 듣고 B팀원들을 자세히 관찰하기 시작했다. 일단 B팀원들은 출퇴근 시간이 저마다 달랐다. 휴식 시간도 일정하지 않았고 점심시간의 활용도 저마다 달랐지만 모두 자연스럽고 편해 보였다. 업무를 할 때는 무섭게 몰입하다가도 라운지 공간에서 팀원들과 스몰토크를 나누며 크게 웃는 모습도 보였다. B팀원들은 한마디로 '무섭게 몰입하고 멋지게 노는' 사람들이었다.

팀 간 성과 차이가 나는 이유를 하나로 정리할 수는 없다. 하지만 비슷한 성과를 낼 것이라고 생각했던 팀들 사이에 격차가 생기는 경우 그 원인은 몰입의 질에 있다. 몰입은 어떤 상태나 대상에 깊이 빠져드는 것을 말하며, 그 몰입의 질이 생산성을 결정짓는 가장 큰 요인이다.

A팀은 팀원들 각각의 능력이 출중하고 성실하지만 '몰입 관리'

에 난항을 겪게 된 것이다. 놀라운 생산성을 가진 스마트피플이 몰입할 수 있는 환경을 적극적으로 탐색하는 이유도 여기에 있다. 기존의 사무실 공간에서는 몰입하기 어렵다. 스마트피플을 모여들게 하고 함께 일하기 위해서는 그들이 몰입할 수 있는 환경을 조성하는 것이 중요하다. 그렇다면 오피스 공간에서 어떻게 양질의 몰입을 일으킬 수 있을까?

오피스 공간의 몰입을 조절하라 : 공간, 문화, 시스템

오피스 공간의 몰입을 조절할 수 있는 요인은 크게 공간적 차원, 문화적 차원, 시스템적 차원으로 나눌 수 있다. 먼저 공간적 차원에서 몰입할 수 있는 요인으로는 공간의 다양성과 개방성이 대표적이다. 오피스 공간은 다양한 성격의 공간으로 구성되어야 하며 모두에게 열려 있어야 한다.

한 기업의 사무 공간 리모델링 프로젝트에 참여한 적이 있다. 그 기업의 공간은 디자인이 훌륭했고 쾌적했지만 활용도가 떨어진다는 점이 문제였다. 그중에 안마 의자를 배치한 휴식 공간의 활용이 아쉬웠다. 도면상으로도 왜 그 공간의 활용도가 떨어지는지 바로 알아차릴 수 있었다. 휴게 공간의 위치가 회장실 바로 앞이었기 때문이다. 실제로 봤을 때는 그보다 심각한 상황이었다. 휴게 공간이 칸막이도 하나 없이 개방되어 있었다. 리모델링 프로젝트에 이러한 문제점을 포함하여 활용도가 떨어지는 공간들을 알맞은 위치에 알맞은 성격으로 구축했다. 휴게 공간도 조용하고 구석진 자리로 옮기면서 편하게 이용하게 되었다는 만족도 높은 피드백을 받았다.

사람들은 자신에게 주어진 공간이 충분하다고 느낄 때, 또한 그 공간을 자신의 뜻대로 컨트롤할 수 있을 때 큰 만족감을 느끼며 양질의 몰입에 빠져들 수 있다. 그런 몰입을 일으키기 위해서는 캔틴, 휴식 공간, 놀이 공간, 라운지, 캐주얼 업무 공간, 미팅 공간, 개인 업무 공간, 집중 업무 공간 등 근무 형태나 컨디션에 따라 선택할 수 있는 다양한 공간을 디자인해야 한다. 또한 그 공간을 편하게 사용할 수 있도록 섬세하게 기획할 필요가 있다.

공간을 구성하는 세부적인 요소들 또한 몰입을 일으킬 수 있다. 동선, 칸막이 활용, 책상 배치, 업무 공간별 거리, 개인 공간의 면적, 공용 공간의 면적 등이다. 가장 간과하기 쉬운 것이 바로 동선이다. 집중 업무 공간 옆에 캔틴을 둔다거나 라운지로 통하는 동선이 부족하거나 동선이 너무 획일적이고 고정적일 때 공간 활용도가 떨어지는 것은 물론 구성원들은 가랑비에 옷 젖듯 작은 스트레스가 쌓일 것이다.

다음으로 문화적 차원의 몰입 요소가 있다. 앞에 예시로 든 B팀은 개인의 출퇴근 시간과 휴식 시간, 몰입 시간을 존중함으로써 개인이 잘 몰입할 수 있는 문화를 조성했다. 사람들의 생김새가 모두 다르듯 몰입 유인 환경과 시간대도 저마다 다르다. 자율적인 문화를 바탕으로 개인의 몰입 패턴을 존중해야 한다. 집단적 몰입을 위해서는 조직 구성원들이 기업의 가치, 미션, 비전 등에 공감하고 그것을 지표 삼아 일해야 한다. 워크숍 등의 행사를 통해 이에 대한 의견을 나누고 소속감을 다지는 시간을 가지는 것이 중요하다.

마지막으로 시스템 차원에서 몰입을 돕기 위해서는 조직원들에게 쓸데없는 스트레스를 주지 않는 것과 어쩔 수 없이 쌓이는 스트레스를 풀어주는 것, 2가지 요소에 초점을 맞춰야 한다. 먼저 사내 정치에 휘둘리지 않는 공정한 인사제도와 보상제도를 구축해야 한다. 업무에 대해 고민하기도 바쁠 시간에 사내 정치까지 신경 써야 한다면 적잖은 스트레스가 될 수 있다. 더구나 그로 인해 부당한 대우를 받았다는 생각이 든다면 조직을 떠나는 결심까지 할 수 있다. 또한 구성원들의 상황에 맞는 적절한 복지를 제공해야 한다. 업무를 하다 보면 어쩔 수 없이 스트레스 상황을 마주하기 마련이다. 이럴 때 국내외 워크숍, 리프레시 휴가, 의료비 지원, 문화 생활 지원 등의 복지로 직원들의 스트레스를 적절하게 관리하는 것이 중요하다.

양질의 몰입이 가능한 환경은 스마트피플을 끌어들일 뿐 아니라 그들의 역량을 최대한 끌어낼 수 있다. 앞으로 몰입 환경을 구축하는 것은 점차 기업의 중요한 경쟁력으로 작용하게 될 것이다. 스마트오피스를 구축할 때, 몰입을 끌어낼 수 있는 공간적, 문화적, 시스템적 전략을 기반으로 공간을 기획해야 한다.

CHAPTER

스마트피플의
일문화를 구축하라

집에 보낸다고 리모트워크가
실행되는 건 아니다

우리는 왜 리모트워크를 두려워하는가?

야후는 2012년 재택근무를 전면 폐지했다. IBM도 재택근무를 2017년 철회했다. 두 기업은 재택근무를 그만두는 이유로 '소통 부재에 따른 업무 효율 저하'를 꼽았다. 이처럼 리모트워크를 먼저 도입했다가 숙고 끝에 이전으로 돌아간 기업이 있는 것을 보면 우리 기업에 도입하는 것도 생각해봐야 하지 않을까? 하지만 지금은 그때와 완전히 다른 상황에 놓여 있다. 이전에는 재택근무 등의 리모트워크가 잘나가는 기업들이 내세우는 하나의 자랑거리에 지나지 않았다.

하지만 지금은 어떨까? 팬데믹이라는 생명과 직결되는 사회적 상황과 기술의 발달, 비즈니스 현장으로 투입되는 새로운 세대들의 요구로 리모트워크는 피할 수 없는 일이 되었다. 생존을 위해서라면 필수적으로 리모트워크를 도입해야 한다. 하지만 여기저기서 리모트워크의 염증에 시달리는 사람들의 앓는 소리가 들려온다. 근태 평가를 위해 업무 시간 내내 카메라를 켜놓으라고 지시하거나 위치 추적을 하는 등 사생활을 침해하는 수준으로 관리하는 탓에 화장실도 못 가는 직원들도 있다. 반면 업무 시간을 지키지 않거나 사내 중요 정보 관리를 소홀히 하는 직원들로 골머리를 앓는 관리자들도 있다. 이는 IBM과 야후가 리모트워크를 그만둔 이유이기도 했던 '소통 부재'로 인해 일어나는 일들이다.

가장 강력한 소통의 공간이었던 오피스를 떠나 일하게 되면서서로 간의 신뢰가 무너지고 조직 공동의 목표에 대한 인식이 희박해졌다. 예전처럼 차라리 한 공간에서 일하는 게 편하겠다고 생각하는 사람들이 있겠지만, 모두가 앞을 보고 걸어가는 세상에서 뒷걸음질을 치기 시작하면 설 곳이 없을 것이다. 하지만 '이가 없으면 잇몸으로 살아라' 식의 접근은 곤란하다. '눈에 보이지 않으니 카메라를 켜놓자' 식의 단순한 접근보다 더 현명한 방법이 있을 것이다. 우리는 기존 프레임을 벗어나 새로운 눈으로 문제를 바라보고 해결법을 찾아나가야 한다.

근로자, 관리자, 경영자들도 대부분 리모트워크 도입에 막막함을 느낄 것이다. 그것은 새로운 시도를 할 때 자연스럽게 따라오는 두려움이다. 하지만 리모트워크에 대해 우리가 잊지 않아야 할 본질이 있다. 리모트워크가 우리를 괴롭히기 위해 생긴 개념이 아니

라는 것이다. 리모트워크는 모두가 즐겁게 일할 수 있는 방식을 제
시하고 있다는 점을 깨달아야 한다.

2부 1장 '톱 인재들이 유목민처럼 일하는 이유'에서 리모트워크
의 가치를 하나씩 짚어보았다. 리모트워크를 잘 활용하면 모두에
게 이롭고 즐거운 일이 될 수 있다. 직원들은 자신의 신체와 감정
의 리듬에 맞춰 자율적으로 일하는 공간과 시간을 선택할 수 있고,
기업은 공간 임대 및 유지 비용을 아끼고 인재 채용의 범위를 확장
할 수 있으며, 사회 차원에서는 인구 집중과 환경 문제 해결에 기
여할 수 있다. 여기저기서 터져나오는 고름 같은 시행착오를 피해
리모트워크를 즐기려면 어떻게 해야 할까?

'본사'로서의 스마트오피스

제대로 된 리모트워크 도입을 위해 우리는 오피스 공간을 스마
트오피스의 '본사'로 이해할 필요가 있다. 본사라는 것이 뭘까? 사
무실이 한 곳뿐인데 본사를 따로 얻어야 하는 것일까? 아니다. 스
마트오피스는 리모트워크 전략을 포함하고 있기 때문에 조직 구
성원들이 일하는 곳이라면 어디든 '지사'가 될 수 있다. 스마트오피
스의 물리적인 공간은 '본사'의 개념이 될 수 있는 것이다. 앞으로
오피스 공간은 단순히 일하는 공간을 넘어 조직의 공동 목표와 방
향성을 공유하고 조직원들을 강력하게 연결할 수 있는 콘택트 허

브인 본사 역할을 할 수 있어야 한다. 오피스 공간은 관계 중심으로 동화하고 소통하는 장소로 거듭나야 한다는 것이다. 그것이 가능할 때 조직은 콘택트가 기반이 되는 올바른 언택트 일문화(리모트워크)를 구축할 수 있다.

앞서 강조했듯이 스마트오피스 도입은 각 기업의 고유한 정체성을 기반으로 구축되어야 하므로 통일된 가이드라인을 만들 수 없다. 본사 또한 각 기업에 따라 다른 결로 디자인되겠지만 최소한의 틀은 필요하다. 본사의 역할을 크게 3가지로 나눠보았다.

첫째, 본사는 관계를 중심으로 한 연결의 장이 되어야 한다. 발빠르게 재택근무 등의 리모트워크를 실행한 기업은 직원들의 만족도가 대부분 높다. 하지만 그들이 어려운 점으로 꼽는 것이 바로 유대감을 만드는 과정과 유지, 강화하는 부분이다. 기술적인 솔루션을 통해 긴밀히 연결되어 업무를 이어나가는 데는 문제가 없지만 폭발적인 시너지의 도화선으로 작용하는 조직원 간의 라포(rapport) 형성이 어렵다는 것이다. 본사는 각각의 지사로 흩어져있는 직원들이 모여 소통할 수 있는 관계 집중적인 공간이 되어야한다. 각 기업의 정체성과 문화에 맞는 조직원 간 동화, 소통, 협업, 혁신이 일어날 수 있도록 콘셉트, 동선, 공간 구획을 섬세히 기획해야 한다.

둘째, 본사는 소속감을 주고 동기부여를 할 수 있는 공간이 되어야 한다. 본사가 단순히 구성원들을 연결만 하는 공간이어서는 곤란할 것이다. 연결만이 유일한 목적이라면 본사의 역할을 한다고 볼 수 없다. 무엇을 기반으로 연결될 것인가가 우리에게 더 중요한 화두이다. 본사는 조직원들이 기업의 일원으로서 자신을 전체화하고 동기부여를 할 수 있어야 한다. 조직원들이 기업의 가치, 미션, 비전을 공유하고 같은 방향을 바라볼 때, 개인의 성장 방향과 회사의 성장 방향이 결을 같이할 때, 조직원들은 서로 긴밀히 연결되어 개인으로서는 불가능한 일을 이뤄낸다.

효율적으로 일하기 위해서는 조직의 각 구성원들 스스로 자신이 어떤 것에 가치와 의미를 두는지 통찰하고, 그것과 회사의 철학, 미션, 비전을 어떻게 연결할 수 있을지 고민하는 과정이 꼭 필요하다. 이것은 동기부여를 위한 과정이며 동기부여는 어떠한 시스템이나 규율보다 강력한 힘으로 조직의 시너지를 결정한다. 기업은 조직원들이 그러한 과정을 경험할 수 있도록 독려해야 하며 본사의 공간을 디자인할 때 이 점을 중요하게 고려해야 한다.

셋째, 본사는 다양한 기능을 갖춰야 한다. 스마트오피스, 스마트워크센터, 그리고 오피스프리까지. 이러다 사무실은 물론 본사까지 사라지겠다고 우려하는 목소리가 있다. 하지만 정말 그럴까? 우리는 다른 시선을 제시해보려고 한다. 본사는 콘택트를 위한 허브의 장으로 탈바꿈하며 다양한 기능으로 확장될 것이다. 본사는 직원들이 머물고 싶어 하고, 또 머물 수 있는 공간이어야 한다. 본사는 유연한 형태를 갖춰 다양한 업무활동과 소통이 일어날 수 있는 것은 물론, 직원들의 편의를 고려해 병원, 스포츠센터, 식당, 복합문화공간을 갖춰야 한다. 직원의 행복이 곧 회사의 경쟁력이라는 말이 있다. 기업의 복지제도를 포함하여 본사에 다양한 편의 시설과 여가 시설을 함께 두면서 직원들이 본사를 '오고 싶고 머물고 싶은' 공간으로 여기는 것이 중요하다.

위와 같은 조건을 갖춘 본사에서 직원들은 자유롭고 다이내믹한 분위기 속에서 진정으로 회사의 비전과 미션에 동감하고 동료들과 시너지를 내며 신나게 일할 수 있다. 통제와 감시는 신뢰를 갉아먹는 해충이다. 구성원들이 신나게 소통하며 일할 수 있는 판을 준비하라. 빈틈없는 규칙과 숨 막히는 시스템이 없어야 혁신할 수 있는 문화가 자연스럽게 뿌리내리고 꽃을 피우고 열매를 맺을 것이다.

눈에서 멀어져도 마음으로
가깝게 일하는 방법

리모트워크, 일하는 방법의 새로운 기준

'눈에서 멀어지면 마음에서도 멀어진다'는 속담이 있다. 아주 가까웠던 사이라 해도 일정 기간 동안 만나지 않으면 관계가 어색해지게 마련이다. 어떤 사람을 가까이하면 사고방식, 성격, 가치관 등에 조금씩 영향을 받는다. 그 사람과 마찰을 줄이고 더 원활히 소통하고자 하는 본능이 작용하기 때문이다. 특히 자주 얼굴을 마주하는 사람이라면 그에 대한 정보가 많기 때문에 변화의 폭은 더 클 것이다. 반면 가깝게 지내고자 하는 마음이 있더라도 자주 만날 수 없다면 그에 대해 아는 것이 별로 없기 때문에 친하게 지내지 못할 확률이 높다. 사람들이 정기적으로 모임을 가지고, 안 본 지 오래됐다며 약속을 잡고, 바쁜 와중에도 얼굴을 비추는 이유가 여기에 있다.

얼굴을 마주하고 만나는 것은 관계 맺기의 기본이다. 대면 상황에서 소통을 할 때 우리는 양적으로 풍부하고 질적으로도 훌륭한 정보를 주고받는다. 오가는 말뿐만 아니라 서로의 표정, 호흡, 몸짓 등으로 적극적인 소통을 하는 것이야말로 서로가 마음으로 가까워지기 위한 든든한 양분이다. 하지만 코로나19를 지나며 관계 맺기의 양상은 조금씩 달라지고 있다. 우리는 '서로의 얼굴을 보기 힘든' 상황에 처해 있다. 하루 이틀에 해결될 문제가 아니라는 것을 직감한 사람들은 '대면'을 대체할 수 있는 방법들을 강구했다. 대표적인 예시로는 온라인 화상 미팅 서비스 줌(zoom)을 통한 만남이다.

줌은 디바이스를 통해 서로의 얼굴을 보며 소통할 수 있다는 점에서 대면 상황의 요건들을 어느 정도 갖췄다. 하지만 같은 공간을 공유하고 있다는 감각을 나누기 어렵다는 점과, 2차원적인 소통이라는 점에서 오프라인 만남의 갈증을 일으켰다. 줌은 대면 상황을 어느 정도 재현해줄 수는 있지만 완벽한 보완 또는 새로운 방식의 소통을 제시하지는 못한 것이다. 누군가는 코로나19가 끝나면 해결될 것이라고 생각할지도 모른다. 하지만 코로나19가 앞당긴 미래 속에서 살아본 우리는 비대면이 낯설고 어렵기는 하지만 효율적이며 경제적일 뿐만 아니라 환경에 이롭다는 사실을 깨달았다. 우리는 코로나19가 완전히 종식된다 하더라도 이전과 같은 일상으로 돌아가지는 않을 것이다.

일터도 마찬가지일 것이다. 코로나19 이후 일터에서 가장 눈에 띄는 변화는 단연 리모트워크의 확산이다. 강력한 전염병이 주는 공포로 소수의 스마트워커들에 의해 더디게 확산되고 있었던 리모트워크가 대폭 확산된 것이다. 팬데믹이라는 시대적 상황과 리모트워크가 가진 이점, 즉 언제, 어디서, 누구와도 연결되어 일할 수 있다는 효율성과 유연성, 이 유연성으로 인한 채용 풀의 확장성, 부동산의 고정비용을 줄여주는 경제성, 이동을 최소화해 탄소의 생산을 줄이는 친환경성 등의 요소들이 시너지를 일으켜 리모트워크는 팬데믹이 끝난 후에도 계속 발전하여 일하는 방식의 기본이 될 것이다.

스마트워커를 끌어당기는 리모트워크

많은 이점들을 나열했지만 우리 기업이 하루빨리 리모트워크를 실행해야 하는 가장 중요한 이유는 리모트워크가 '스마트워커'가 일하는 방식이기 때문이다. 스마트워커는 기존에 짜여진 판이 아닌 새로운 판을 설계하고 그 판을 '기준'으로 만드는 룰브레이커들이다. 그들에게 가장 중요한 업무 역량은 놀라운 생산성을 낼 수 있는 몰입과 새로운 판을 상상할 수 있는 창의성이다. 그들은 항상 자신이 가장 몰입할 수 있으며 창의적으로 사고할 수 있는 환경을 찾는다. 그 환경은 고정되어 있는 것이 아니라 그날의 컨디션, 기분, 날씨 등에 의해 변할 수 있다. 어떤 날은 기분이 가라앉고 날씨도 좋지 않아 본사로 출근하여 동료들과 에너지를 나누며 일하는 것이 가장 효율적이다. 또 다른 날은 기분이 들뜨고 날씨가 좋아서 테라스가 있는 카페에서 일하는 것이 가장 좋을 수도 있다.

언제, 어디서, 누구와 일할 것인지를 선택할 수 있는 리모트워크는 그들에게 가장 알맞고 가장 선호하는 업무 방식이다. 하지만 이러한 장점만을 보고 리모트워크를 도입해서는 안 된다. 리모트워크를 접목한 스마트오피스를 도입했다가 실패한 어느 기업의 요청으로 상담을 진행한 적이 있다. 그들이 가진 리모트워크 솔루션은 훌륭했다. 그 기업은 IT 기술과 내부 시스템 혁신을 통해 말 그대로 '언제, 어디서, 누구와도 일할 수 있는 환경' 구축에 성공했다. 하지만 조직원들은 고립감과 소통 부재의 어려움을 토로했다. 왜 이런 일이 발생한 것일까? 수많은 장점에도 불구하고 많은 기업이 리모트워크 도입을 망설이는 이유는 소통이다. 소통의 문제가 발생하는 이유는 다수의 기업이 리모트워크를 도입할 때 정서적, 관계적 소통의 중요성을 고려하지 않기 때문이다. 리모트워크를 효과적으로 실행하고 그 이점들을 누리기 위해서는 업무적 소통뿐만 아니라 정서적, 관계적 교류까지 모두 고려해야 한다. '눈에서 멀어져도 마음으로는 가까울 수 있는 방법'을 찾아야 하는 것이다.

새로운 차원의 대면문화

코로나19가 본격적으로 확산되던 시기, 브랜드마케팅팀 팀원들과 최소한의 가이드라인을 정한 후 빠르게 리모트워크를 도입했다. 이전부터 준비하고 있었기에 업무적으로 타격이 생기거나 생산성이 떨어지는 일 없이 더욱 효율적인 방식으로 프로젝트를 수행해나갈 수 있었다. 관계적 소통 또한 일주일에 한 번 대면회의를 한다거나 한 달에 한 번 워크숍을 가지는 것으로 유대를 쌓아나갔다. 그런데 어느 날 회의 중 브랜드마케팅 팀원들이 제페토(ZEPETO)라는 공간에서 소통을 하고 있다는 것을 알게 되었다.

제페토는 네이버제트에서 운영하는 메타버스 서비스로 각자의 아바타를 생성하여 제페토 속 가상현실, 즉 메타버스에서 함께 게임을 즐기고 일상을 나누고 여행을 하는 것이다. 처음 브랜드마케팅 팀원들이 제페토에서 소통한다는 이야기를 들었을 때는 잘 이해가 되지 않았다. 업무적 소통에 문제가 없고, 화상 미팅으로 매일 얼굴을 보고, 주기적으로 대면을 하고 있는데 왜 또 다른 세계에서 소통해야 하는 걸까? 하지만 실제로 메타버스 서비스를 이용해보고 나서 생각이 달라졌다. 메타버스 속 소통은 화상 미팅과는 정서적 교류의 질이 달랐다. 서로의 아바타, 즉 부캐일 뿐이었지만 나와 같은 존재라는 일체감이 느껴졌다. 다른 팀원들의 아바타와 메타버스 속에서 이야기를 나누거나 같은 활동을 하는 것이 큰 소속감과 친밀감을 느끼게 해주었다.

메타버스가 줌 등의 화상 미팅 서비스와 가장 크게 다른 점은 같은 공간과 세계를 공유하고 있다는 감각을 느끼게 해준다는 것이다. 실제로 얼굴을 마주하지는 않지만 그것을 모방하는 것이 아니라 새로운 차원의 '만남'을 경험하게 해주는 것이다. 메타버스는 실제로 만나는가(대면), 만나지 않는가(비대면)의 프레임에서 벗어난 '새로운 만남'의 가능성을 일깨워준다. 이처럼 새로운 세상에서는 새로운 소통 방식이 필요하다.

이제 리모트워크의 필요성이나 업무적 소통의 가능성에 대해 이야기할 시기는 지났다. 우리가 앞으로 활발히 이야기해야 할 것은 어떤 방식의 소통이 우리가 익숙했던 '눈에서 가까운' 교류를 대신할 수 있을 것인가이다. 지금은 개별 팀에서 놀이 방식으로 메타버스에 접근하고 있지만, 본사적 차원으로 확장되어 구성원들이 일체감 속에서 몰입할 수 있는 환경을 조성함과 동시에 조직의 방향성과 가치를 공유하고 의견을 나눌 수 있는 공간으로 거듭나야 한다.

영화 〈레디 플레이어 원〉이
현실이 되다

코로나19로 인해 많은 것이 변했다. 보고 싶은 사람들을 보지 못하고, 학교와 직장에서도 마스크를 쓴 채 마주한다. 결혼식과 장례식 등 많은 사람들이 모여 기쁨을 나누거나 서로를 위로하던 자리도 큰 폭으로 축소되었다. 전 세계적으로 사람들은 고립감을 느끼게 되었고 그 박탈감을 기술의 힘을 이용해 해소했다. 그 과정에서 우리도 모르는 사이 미래가 성큼 가까워졌다.

연세대학교의 사례를 함께 살펴보자. 대부분의 교육기관이 코로나19로 인해 비대면 온라인 수업을 도입하는 과정에서 무수한 잡음이 생겨났다. 카메라로 서로의 얼굴을 볼 수 있기는 하지만 비언어적 소통이 어렵기 때문이다. 수업을 잘 따라오고 있는지, 흥미를 느끼고 있는지 등 뉘앙스를 전달하기 어렵다는 것이다. 더구나 컴퓨터 화면은 강의실과 달리 평평할 뿐 아니라 쉽게 접속을 끊을 수도 있어 같은 시공간을 공유하는 데서 오는 몰입감이 크게 떨어진다. 이러한 문제들로 인해 연세대는 XR클래스라는 서비스를 통해 비대면 강의를 진행하고 있다.

XR클래스는 교수와 학생들이 가상공간에서 수업을 하고 강의를 들을 수 있는 서비스이다. XR클래스는 교수와 학생 모두 아바타를 형성하여 수업에 참여한다. 현실세계와 분리된 가상공간을 제공하기 때문에 단순 화상 강의 방식에 비해 방해 요소가 적으며 한 공간에 있다는 소속감을 느낄 수 있다. 또한 눈앞에서 직접 상호작용이 일어나 몰입감이 뛰어나고 소통과 교감이 더욱 원활히 이루어진다.

이렇게 팬데믹의 공포 속에서도 사람들은 다른 사람들과 연결되고 싶어 하고 소속감을 느끼려 하며 소통하길 바란다. 그런 바람으로 인해 가상공간이라는 새로운 만남의 장소를 구축하여 서로에게 닿고자 하는 것이다. 그 가상공간을 우리는 메타버스라고 부른다. 메타버스란 '가상, 초월'을 뜻하는 'meta'와 '세계, 우주'를 뜻하는 'universe'의 합성어로 '3차원의 가상세계'를 말한다. 이 가상공간은 앞으로 더욱 풍부하고 활용도 높은 공간으로 발전할 것이다. 그렇다면 우리는 그 공간에서 모든 것을 하게 될까? 현실의 공간은 존재 가치를 잃게 되는 걸까? 잠시 영화 〈레디 플레이어 원〉에 대해 함께 이야기해보자.

따뜻한 밥을 먹을 수 있는 유일한 공간은 현실

〈레디 플레이어 원〉은 스티븐 스필버그 감독의 영화로 2045년의 가까운 미래를 배경으로 하고 있다. 영화가 그리는 2045년의 현실은 수많은 사람들이 컨테이너 박스를 집으로 삼는 등 암울하다. 그곳 사람들은 '오아시스(OASIS)'라는 가상현실 게임 속 세상에 몰입한다. '오아시스'는 현실과 다르게 원하는 캐릭터로 어디든 갈 수 있으며, 원하는 모든 것이 가능한 무궁무진한 세계이다. 주인공 웨이드 또한 오아시스에서 시간을 보내는 것을 유일한 낙으로 삼고 있다. 이 가상현실 게임은 이름 그대로 사막 같은 현실을 사는 사람들에게 오아시스가 되어준다.

그러다 게임의 창시자인 할리데이가 죽는 사건이 발생한다. 할리데이는 유언으로 오아시스의 소유권을 건 게임을 열었고 수많은 유저들이 우승을 위해 노력한다. 오아시스의 경쟁사인 IOI는 오아시스의 지분을 확보해 게임 생태계를 장악하기 위해 무수한 인력을 동원해 폭력적인 방식으로 우승을 차지하려 한다. 오아시스라는 세계를 진심으로 아끼고 그것을 지키려는 웨이드는 친구들과 함께 가상현실과 현실을 가리지 않고 IOI에 맞서 싸우고, 결국 그들을 무너뜨리고 우승한다. 이 영화의 러닝타임 내내 우리는 가상현실의 놀라운 가능성을 두 눈으로 목격할 수 있다.

하지만 영화에서 가상세계보다 더욱 중요하게 묘사하는 세계는 바로 현실세계이다. 영화는 현실의 소중함을 끊임없이 이야기한다. 가상공간에서만 만나왔던 웨이드와 친구들이 현실에서 재회하는 극적인 모습은 손꼽는 감동적인 장면이다. 가상세계에서 부족함 없이 유대감을 쌓았다고 생각했지만, 현실에서 얼굴을 마주한 그들은 말을 잇지 못하고 서로를 껴안는다. 단 한 번의 현실에서의 만남이 가상세계에서의 무수한 접촉을 압도한 것이다. 게임의 창시자인 할리데이 또한 '따뜻한 밥을 먹을 수 있는 유일한 공간은 현실'이라고 말하며 현실의 중요성을 상기시켜준다. 주인공들이 오아시스의 소유권을 가진 후 가장 먼저 한 일이 일주일에 두 번은 서버를 막고 사람들이 현실에서 충분히 교류할 수 있도록 한 것이다. 무엇이든 될 수 있고, 뭐든 할 수 있는 세계가 있지만 가장 소중한 것들은 여전히 현실세계에 존재하는 것이다.

가상과 현실, 양날의 검을 양방향으로 휘두르기

영화에서 이야기하는 것처럼 아무리 가상공간에서 일하고, 수업을 듣고, 진료를 받고, 취미생활을 즐기더라도, 심지어 그것이 더 편리하고 더 많은 경험을 할 수 있더라도 우리가 발붙이고 서 있는 현실의 중요성은 빛을 잃지 않을 것이다. 그렇다고 가상공간을 무시하자는 이야기가 아니다. 우리는 흑백논리의 유혹에서 벗어나 가상현실과 현실세계라는 양날의 검을 양방향으로 휘두를 필요가 있다. 메타버스라는 새로운 공간의 이점을 충분히 활용하면서도 현실에서만 누리고 쌓을 수 있는 소중한 것들을 놓치지 않아야 한다. 그것들을 바탕으로 할 때 우리는 가상공간에서 더 큰 세계를 그려나갈 수 있다.

메타버스 기술은 일터 풍경을 어떻게 바꿀까? 메타버스는 앞으로 리모트워크를 큰 폭으로 활성화할 것이다. 기존 리모트워크 환경에서 회의 모습을 떠올려보자. 어느 정도 라포 형성이 된 관계라면 다르겠지만, 그렇지 않을 경우 화면을 통해 어렵게 눈을 맞추며 서로의 눈치를 살피는 데 많은 에너지를 쏟으며 어색하게 화상 미팅이 진행될 것이다. 웃으면서 회의를 끝냈지만 어딘가 조금 찝찝할 수도 있다. 이때 메타버스 기술을 활용하면 가상현실에 구축된 회의실에서 각자의 아바타로 만나게 될 것이다. 오히려 서로의 얼굴을 직접 마주하는 회의보다 직급, 위치에 관계없이 더욱 유연한 분위기에서 서로의 의견을 나눌 수 있다.

또한 회의 주제에 따라 회의 공간을 디자인하여 몰입도와 업무 효율을 높일 수 있을 것이다. 예를 들어 공원 조성 기획 아이디어 회의를 진행한다면, 참고할 만한 국내외의 공원들이 회의 장소가 될 수 있다. 책상 앞에서 공원에 대해 이야기하는 것과 가상으로 구현된 공원을 거닐며 의견을 나누는 것 중 어떤 회의에서 창의적이고 활용 가능한 의견들이 더 많이 나오겠는가? 또한 메타버스 기반 회의에서는 무제한으로 띄울 수 있는 모니터를 통해 장비의 제한에서도 자유로울 수 있다. 참석 인원이 늘어날수록 서로의 얼굴을 볼 수 있는 화면의 크기가 줄어드는 화상회의와 달리 더 많은 인원과 동시에 회의를 진행할 수 있다. 메타버스에서는 기존 리모트워크의 장점을 그대로 유지하면서도 소속감과 현장감을 높이고 소통을 더욱 원활하게 할 수 있다. 따라서 오피스 공간 또한 이를 활용하고 보완할 수 있는 방향으로 구축되어야 한다. 일터의 개념을 가상세계로 확장하여 연장된 오피스의 개념을 받아들일 수 있는 열린 사고를 가져야 한다.

현실 공간의 혁신, 가상공간 활용을 위한 첫 번째 발걸음

가상공간에 대한 사고를 활성화하고 그것을 받아들이기 위해서는 우리가 지금 발을 딛고 있는 공간을 먼저 혁신할 필요가 있다. 가상현실 또한 그것을 이용하는 직원들과 그것을 가능하게 하는 장비들은 물리적 공간을 필요로 하기 때문에 오피스 공간을 구축할 때 메타버스 존을 확보해야 한다. 또한 염두에 두어야 할 것은 앞으로 기술이 빠르게 발전한다는 것이다. 점차적으로 메타버스 존을 늘려갈 것이라는 계획하에 다른 공간들을 유연한 형태로 디자인해야 한다.

그리고 가상공간으로 우리의 일터가 옮겨 간다 하더라도 가장 핵심적인 현실 공간을 확보해야 한다. 각 기업의 성격과 형태, 조직 구성에 따라 달라지겠지만 핵심은 기업의 고유한 철학, 미션, 비전을 나누고 조직 구성원 간 동화와 소통, 협업, 혁신의 불씨를 지피는 공간이 되어야 한다는 것이다. 또한 앞으로 기업의 조직문화와 일문화에 대해 얼마나 빠르고 유연하게 확장된 개념을 받아들일 수 있는지가 핵심 경쟁력이 될 것이다. 앞서 이야기한 새로운 업무 공간, 일하는 방식, 문화 개념들을 수용하고 그것을 기반으로 시대를 선도하고자 하는 기업이라면 스마트오피스를 통한 일터, 일문화의 혁신이 가장 안전하고 신속한 첫걸음이 될 것이다.

스마트피플은 주52시간 일하지 않고, 100억을 벌기 위해 일한다

주 4일 근무는 새로운 기준이 될 수 있을 것인가?

몇 년 전 한 방송사에서 '월요병이 심할 경우, 일요일에 잠깐 출근해서 일하는 것이 도움이 된다'는 보도를 했다가 '그게 무슨 황당한 이야기냐'며 뭇매를 맞은 일이 있다. 반면 배달의민족 등의 서비스를 제공하는 우아한형제들은 직원들의 월요병을 방지하는 취지에서 매주 월요일 오후 1시에 출근하는 '주 4.5일제'를 실행했는데, 조직원들에게 환영을 받고 사기 향상에 톡톡히 기여한 것은 물론 다른 기업의 근로자들에게도 큰 공감을 샀다. 이때만 해도 우아한형제들의 행보는 많은 사람들의 입에 오르내릴 정도로 특별하고 혁신적인 일이었다.

지금은 어떨까? 현재 많은 IT 업체들이 주 4.5일제를 넘어 주 4일제, 3일제를 실험하고 있다. 에듀윌, 충주 에네스티, 밀리의서재, 신라호텔, 롯데면세점은 주 4일제를 도입했으며, 카카오게임즈, SK수펙스추구협의회 등은 격주로 4일제를 시도하고 있다. 우아한형제들과 여기어때 또한 주 4.5일제를 유지하고 있다. 이처럼 이곳저곳에서 근로 일수와 노동 시간에 대한 혁신의 바람이 불고 있다. 대부분의 사람들이 주 6일제에서 주 5일제, 주 5일제에서 주 4일제로 근로 혁신이 일어날 것이라 예상하고 있지만 나의 생각은 조금 다르다. 우리는 이제 주 5, 4, 3, 2······ 개념에 묶이지 않을 것이다.

근로 일수와 노동 시간 개념이 활성화된 이유는 정해진 공간에서 정해진 시간대에 일해야 했기 때문이다. 물론 주민센터, 우체국, 은행 등 정해진 공간과 시간이 여전히 중요한 업종이 있다. 하지만 새롭게 조성되고 있는 직업 생태계에서는 시간과 공간의 제약을 받지 않고 일할 수 있는 직종이 하루가 다르게 늘어나고 있다. 이와 발맞춰 기술 또한 리모트워크, 디지털노마드를 더욱 유연하게 실행할 수 있도록 발전하고 있으니 일하는 데 있어 시간과 공간의 제약은 빠르게 소멸할 것이다.

스마트피플이 자신의 노동을 증명하는 방법

정해진 공간에서 정해진 시간 동안 일해야 했던 때는 엉덩이를 붙이고 앉아 있는 시간이 자신의 노동을 증명해주었다. 하지만 앞으로는 새로운 방식으로 노동을 증명하게 될 것이다. 우리는 '정해진 공간에서 일정 시간의 근로'가 아닌 오로지 '성과'로 자신의 노동을 증명해야 한다. 이때의 성과는 연장 근무와 내부적 경쟁을 조장하는 성과주의를 말하는 것이 아니라, 각자의 위치에서 정해진 목표를 달성하는 것이다. 조직의 비전, 미션, 철학을 실현하기 위해 자신의 고유한 역할을 인지하고 그 역할에 따라 세워진 목표를 정해진 기간 내에 달성하는 것이 성과를 판단하는 기준이 된다는 것이다.

이러한 성과가 조직 내에서 자신의 존재 이유를 증명할 수 있는 유일한 지표가 된다면 이전과 같이 할 일을 모두 끝마쳤음에도 정해진 자리에 머물며 퇴근 시간을 기다리는 일은 사라질 것이다. 정해진 틀이 없으면 놀고 싶은 게 인간의 심리라며 생산성 저하를 걱정하는 목소리가 있다. 하지만 각자의 역할이 분명하고 투명하게 공유되어 있다면 그 자체가 매우 강력한 동기가 될 것이다. 오히려 정해진 시간에 자리에 앉아 있기만 하면 되는 체제가 생산성을 더 떨어뜨릴 수 있다. 성과 중심의 조직에 리모트워크와 유연근무제가 곁들여진다면 구성원들은 자신이 가장 집중할 수 있는 시간대에 가장 몰입할 수 있는 공간에서 일할 수 있으므로 생산성이 극대화된다. 사무실에서는 8시간 걸려 할 일을 도서관, 집, 차, 카페 등에서 3시간 만에 끝낼 수도 있는 것이다.

절약된 시간만큼 자기계발, 휴식, 취미생활에 쓰면서 워라밸이 자연스럽게 보장되고, 이는 근로자와 회사 모두에게 이로운 일이다. 특히 회사 입장에서 이러한 문화를 만드는 것이 중요한 이유는 인재 확보를 위해서이다. 일문화는 항상 일하는 사람의 행복을 추구하는 방향으로 발전해왔다. 일을 잘하는 사람들, 즉 스마트피플이 그런 문화를 원했고 기업은 그들이 필요하다. 그들이 가장 만족스럽고 효율적으로 일할 수 있는 환경을 조성하는 것은 모든 기업의 과제이다. 그런 환경을 만들기 위해서는 어떻게 해야 하는 걸까? 주 5일제, 주 4일제 등의 제도만 없애면 되는 것일까?

공간은 사람을 변화시키는 가장 강력한 도구다

'52시간 일하지 않고 100억을 벌기 위해 일하는 스마트피플'이 선호하는 기업이 되기 위해서는 몇몇 제도를 바꾸고 복지를 향상하는 것에 그쳐서는 안 된다. 스마트피플이 마음껏 일할 수 있는 환경을 조성하기 위해 기업의 일문화, 조직문화 그리고 일하는 공간을 동시에 혁신할 필요가 있다. 왜 여기에 '공간의 혁신'이 포함되어 있는지 의문을 가지는 사람도 있을 것이다.

사람들은 매 순간 자신이 머무는 공간의 영향을 받는다. 공간은 단순히 물리적인 환경이 아니라 사람의 심리와 행동을 변화시킬 수 있는 교감의 대상이다. 사람과 공간은 긴밀한 상호작용을 통해 서로를 변화시킨다.

우리가 업무를 하는 공간도 마찬가지다. 책상의 길이가 직원들

간의 의사소통에 영향을 준다는 연구 결과가 있다. 긴 책상은 직원들 사이의 거리를 멀어지게 하므로 결속을 방해한다. 또한 높이가 낮은 파티션은 직원들 사이의 거리를 좁히는 반면, 높은 칸막이는 그야말로 심리적으로 높고 단단한 벽을 만든다. 높은 칸막이와 긴 책상은 그동안 쌓아 올린 밀접한 유대감을 쉽게 무너뜨린다. 분석한 결과에 따르면 높은 칸막이를 사용한 팀이 낮은 칸막이를 사용한 팀에 비해 의사소통이 43%나 더 적은 것으로 나타났다.

공간은 단순한 복제품처럼 꾸며서도 안 되며 미적 관점으로만 판단해서도 안 된다. 공간은 목적에 따라 전략적으로 구축되어야 한다. 당신의 기업이 일하는 방법, 조직문화의 혁신을 꿈꾸고 있다면 이러한 공간의 힘을 적극적으로 이용해야 한다. 스마트피플이 시간과 공간의 제약을 받지 않고 가장 효율적인 방식으로, 최대의 성과를 내는 조직문화, 일문화, 공간을 만들기 위해서는 어떤 것들을 고려해야 할까? 스마트피플이 자신의 존재감을 드러내는 방식, 즉 성과로 서로의 존재를 인지하고 소통하는 조직이 되기 위해서는 수평적이며, 연결이 용이하고, 투명한 조직문화와 일문화를 구축해야 한다.

조직이 수평적이어야 하는 이유는, 자율적인 분위기 속에서 상관의 지시가 아닌 자신의 판단, 즉 엉덩이가 아닌 머리로 일하기 위해서이다. 또한 조직이 연결되어야 하는 이유는 정확하고 효율적인 목표 설정을 위해서이다. 서로의 역할과 역량이 공유되어 있지 않다면, 같은 일을 여러 명이 하거나 업무의 틈이 생기는 등 크고 작은 비효율이 나타날 것이다. 마지막으로 우리의 조직이 투명해야 하는 이유는 신뢰를 기반으로 일하기 위해서이다. 같은 공간에서 같은 시간을 공유한다면, 즉 서로가 일하는 모습을 실시간으로 본다면 '무엇을 하는지는 잘 모르겠지만 일을 하고 있네'라는 식의 신뢰를 쌓기는 쉽다. 하지만 시간과 공간이 분리되면서 서로에 대한 믿음이 흔들릴 수도 있다. 그렇기 때문에 서로의 목표와 그에 따른 성과를 투명하게 공유할 수 있는 문화가 필수적이다. 이러한 문화를 조성하기 위해 제도와 시스템은 물론 공간의 혁신이 시급하다.

누가 일하고,
누가 일하는 척하는 걸까?

월급루팡이 인재들을 몰아내는 과정

오랜 구직 활동 끝에 B씨는 원하던 기업에 입사했다. 희망하던 부서에서 일하게 된 B씨는 큰 꿈과 포부를 갖고 근무를 시작했다. 오랜 시간 준비한 만큼 B씨는 맡은 일을 즐겁게 잘해냈다. 그렇게 자신의 능력을 뽐내고 성과를 내면서 B씨는 조금씩 성장했다. 하지만 10개월이 지난 후 B씨에게는 '일하기 싫다'는 고민이 생겼다. 원하던 회사에 취업해서 자신에게 맞는 업무를 훌륭하게 수행하던 B씨가 일하기 싫어진 이유는 무엇일까? 그것은 함께 입사한 동기 C씨 때문이었다.

C씨는 소위 '월급루팡'이었다. 월급루팡은 일은 하지 않고 월급을 받아가는 직원을 이르는 말이다. C씨는 눈에 띄는 업무만을 골

라 요란하게 처리하고, 오랜 시간이 필요하거나 성과가 잘 드러나지 않는 업무는 기피했다. C씨가 미뤄둔 업무는 B씨의 몫이 되었고, 업무에 할애하는 시간이나 정성과는 반비례하게 C씨의 퍼포먼스는 과대평가되었다. '일을 하지 않기에' 제대로 된 결과물이 나오지 않는데도 C씨의 쾌활한 성격과 교묘한 줄타기에 아무도 그를 나무라지 않았다. B씨는 열심히 일하는 자신이 바보처럼 느껴졌고 일에 대한 성취감도 크게 줄었다. 이전에는 '어떻게 맡은 일을 잘 수행할 수 있을지'를 고민했다면 요즘 B씨는 '어떻게 일하는 척할 수 있을까'를 고민한다.

아마도 B씨는 수일 내 퇴사를 결정할 것이다. 그리고 C씨는 조직에 오래도록 남아 B씨와 같은 인재들을 계속 밀어낼 것이다. 이는 하나의 일화로 가볍게 여길 이야기가 아니다. 취업포털 잡코리아와 알바몬이 직장인과 아르바이트생 1030명을 대상으로 설문조사한 결과, 응답자 중 54.9%가 '재직 중인 직장과 매장에 업무 참여도가 낮고 무임승차하려는 사람이 있다'고 답했다. 한 근무지 건너 한 근무지에 월급루팡이 있다는 것이다. 또한 이들이 주는 피해를 조사한 결과 '극심한 스트레스를 받는다'(47.1%, 복수 응답 가능)는 답변과 '실제로 해야 할 일이 많아졌다'(46.9%)는 답변이 나란히 1, 2위에 올랐다. 이외에는 '업무 의욕이 하락하고 회사(매장) 분위기가 나빠졌다'(37.3%), '동료들 간 협업 분위기 및 신뢰 관계가 깨졌다'(20.2%)가 뒤를 이었다.

이처럼 일을 하지 않고 '일하는 척만 하는' 직원들은 기업의 암적인 존재다. 그들은 조금씩 자신의 영향력을 넓히며 조직의 이곳 저곳을 병들게 한다. 월급루팡의 존재는 어느 시대, 어느 곳에서나 부정적인 영향을 끼치겠지만 기하급수 성장의 곡선에 올라타느냐, 타지 않느냐는 사활이 걸린 요즘 시대의 기업들에게는 더욱 치명적이다. 완만하고 고른 길을 걷는다면 몇몇 군더더기가 그리 큰 짐으로 느껴지지 않을지도 모른다. 하지만 지금 우리가 걸어가야 하는 길은 험하고 가파르다. 이런 상황에서는 조금의 군더더기라도 치명적인 약점이 될 수 있다.

월급루팡은 부실한 일문화, 조직문화, 시스템 속에서 태어난다

우리 조직에 '일하는 척만 하는 직원'을 두지 않으려면 어떻게 해야 하는 걸까? 기존 조직에서 그들을 솎아낸 후 채용 과정을 더욱 꼼꼼히 진행하면 될까? 결론부터 이야기하면 그것만으로는 월급루팡들을 막을 수 없다. 왜냐하면 그들은 조직에 '침투'하는 것이 아니라 조직에서 '생겨나는 것'이기 때문이다. '일하지 않는 이유' 가 개인의 인성과 양심에만 달려 있다면 위와 같은 방법이 통할지도 모른다. 하지만 월급루팡을 개인의 문제라고 말할 수 없다. '일하는 척만 하는 직원'이 생겨나고 또 자리를 꿰찰 수 있는 본질적인 이유는 조직이 '그래도 괜찮고' 오히려 그것을 '장려하는' 문화와 시스템을 가지고 있기 때문이다.

일하는 척하는 이들로 인해 제대로 일하는 직원들을 잃지 않기 위해 일문화, 조직문화, 시스템 전반에 걸친 혁신이 필요하다. 3가지 변화에 앞서 '기업의 고유한 문화' 또한 점검할 필요가 있다. 당신의 기업에는 모든 구성원들이 의사 결정의 지표로 삼는 미션, 가치, 비전이 있는가? 또한 그 미션, 가치, 비전이 구성원들을 고무시키고 내적인 동력을 일으키고 있는가? 이 질문에 자신 있게 대답할 수 없다면 기업문화의 재정비가 필요하다. 잘 세워진 기업의 미션, 가치, 비전은 조직 구성원들과 상호작용하며 안팎으로 좋은 영향력을 발휘한다.

잘 구축된 기업문화는 먼저 조직 구성원들을 한 방향을 바라보게 하는 얼라인먼트(alignment)를 확립해준다. 기업의 미션, 가치, 비전을 기준으로 조직 구성원들이 한 방향으로 정렬된다면 구성원 간의 의사소통이 효율적으로 이루어지는 것은 물론 시너지 또한 극대화될 것이다. '같은 목표를 가지고 각자의 일을 한다'는 동료 의식 또한 높여주기 때문에 심리적 안정감도 느낄 수 있다. 조직의 목표와 개인의 목표가 비슷한 결을 이룬다면 자연스러운 동기부여가 가능하므로 '월급루팡'의 문제도 일정 부분 해결할 수 있을 것이다. 더불어 잘 구축된 기업문화는 고객의 경험 또한 균등하게 유지해준다. 고객이 어떤 접점에서 우리 기업을 만나도 우리의 가치, 미션, 비전을 체험할 수 있다는 것이다.

기업문화를 잘 세우고 조직에 스며들게 하는 것만으로 많은 문제를 해결할 수 있지만, 일문화, 조직문화, 시스템 또한 섬세한 방식으로 구축하여 군더더기를 제거하고 경쟁력을 극대화할 필요가 있다. 그러기 위해서는 첫째, 투명하고 재빠른 일문화로 혁신해야 한다. 일문화가 투명하다는 것은 일의 책임 소재, 진행 과정이 오픈되어 있어 조직 구성원이라면 누구라도 접근이 가능하다는 것이다. 이러한 투명성이 확보되어야 군더더기 없는 효율적인 협업은 물론, 문제가 생겼을 때 빠르게 해결책을 찾아낼 수 있다.

'누수'에 대한 일화를 들어본 적이 있는가? 누수가 발생했을 때는 '물이 새는 지점'을 찾는 것이 관건이다. 그 지점만 찾는다면 누수는 간단한 문제이다. 하지만 배관 등 물이 샐 만한 곳 대부분이 눈에 보이지 않기에 모든 곳을 뜯어보고 파보는 과정에서 문제가 점차 심각해진다. 기업 내부의 문제 또한 마찬가지다. 문제가 생기지 않고 진행되는 비즈니스는 없다. 승패는 어떻게 그 문제를 신속하게, 최선의 방향으로 풀어나가느냐에 달려 있다. '일하는 척만 하는' 직원들은 문제의 근원지가 된다는 점, 그리고 그 해결 과정에서도 장애물이 된다는 점에서 기업에 치명적이다. 월급루팡이 생겨나지 않고, 그들이 일으킨 문제의 소재를 빠르게 파악하고 해결하기 위해서는 투명하고 민첩한 일문화 구축이 필수적이다.

둘째는 조직에 수평적 문화를 정착시켜야 한다. 회사는 사람들이 모여 성과를 내기 위해 각자의 역할을 하는 집단이다. 전통적인 기업은 효율과 체계를 위해 수직적인 위계질서를 기반으로 조직문화가 조성되었다. 이 체제가 오랫동안 유지되어 온 이유는 수직적인 문화가 가지는 장점이 있기 때문이지만 변화하는 시대에는 새로운 조직문화가 필요하다. 수직적인 문화의 가장 큰 단점은 의사 결정의 기준이 상관의 의견에 달려 있다는 것이다. 이러한 권위는 리더십으로 작용되기도 하지만 집단 지성을 막고 업무에 혼선을 주기도 한다. 또한 권위적인 조직에서 자주 발생하는 '줄타기'는 조직 구성원 간의 소모적 갈등을 유발하고 신뢰에 큰 타격을 준다. 자신의 일을 잘해내는 것보다 누구와 친하게 지내고 '어떤 줄을 잡느냐'에 더 신경을 쓰게 되고 급기야 자리싸움이 벌어진다는 것이다. 이러한 부작용을 방지하고 제대로 일할 줄 아는 인재들, 스마트피플이 효율적이고 즐겁게 일할 수 있는 판을 깔아주기 위해서는 수평적 조직으로의 혁신이 필요하다.

마지막으로 조직의 평가 시스템을 점검해야 한다. 일을 제대로 하는 사람들은 자신의 성과를 지표로 동료들과 소통한다. 그것이 가장 명확하며 효과적인 방식이기 때문이다. 성과로 소통하는 것이 익숙하지 않은 조직은 불확실한 방식으로 조직원들의 성과를 '추측'한다. 예를 들어 야근을 들 수 있을 것이다. 해당 조직원이 어떤 일을 어떤 방식으로, 얼마의 시간을 들여 수행하고 있는지 파악하지 않은 채 그저 퇴근 시간 후에도 '열심히 일하는' 모습을 보고 긍정적으로 판단하는 것이다. 반대로 주어진 일을 체계적이고 효율적으로 처리한 후 자리를 비운 직원을 부정적으로 판단하는 경우도 있다. 이러한 분위기 속에서 직원들은 자신의 일을 잘해내는 것보다 '어떻게 하면 일을 더 많이 하는 것처럼 보일까?'를 더 고민하게 될 것이다. 이런 조직에서 월급루팡이 생겨나지 않는 게 이상하다.

이러한 문제를 예방하고 성과를 중심으로 소통하며 활발한 피드백, 능동적인 협업, 성숙한 책임의식이 자리 잡기 위해서는 평가 시스템 또한 혁신할 필요가 있다. 기업문화, 일문화, 조직문화 그리고 시스템에 이르는 통합적인 혁신은 어느 한 부분에만 치우쳐서는 제대로 효과를 내기 어렵다. 각 요소가 서로 보완하며 점차적으로 바뀌어야 한다. 스마트오피스는 이와 같은 혁신적 시스템을 포함하는 개념이다. 스마트오피스의 공간적 부분들 또한 기업 고유의 특성에 맞춰 위와 같은 문화를 반영하고 또 강화할 수 있는 방식으로 구축되어야 한다.

한 명의 꼰대가
10명의 일잘러를 내친다

'라떼는 말이야(나 때는 말이야)'라는 말로 대표되는 꼰대라는 단어를 모르는 사람이 없을 것이다. 꼰대는 텔레비전, 신문, 유튜브 등 여러 매체에서 때론 웃기게 때로는 심각하게 묘사되며 여러 밈(meme)을 만들어냈다. 나 또한 신문에 실린 '꼰대 테스트'를 손에 땀을 쥐어가며 해본 적이 있다. 재미로 시작한 테스트였지만, 체크리스트를 읽다 마주한 뜻밖의 관점들에 마음이 조금씩 무거워지기도 했다.

꼰대라는 단어가 많은 사람들의 입에 오르내리는 이유는 그만큼 꼰대라고 칭할 만한 사람이 많기 때문이기도 하겠지만 그 존재가 끼치는 여러 가지 영향 때문이다. 한마디로 꼰대는 지금 우리가 살아가고 있는 시대의 '문제적 존재'이다. 특히 '회사에서 만난 꼰대'는 젊은 세대들에게 요주의 대상이다. 밀레니얼 세대들에게 '회사의 꼰대'는 가볍게 웃어 넘길 존재가 아니다. 그들은 꼰대들을 피하기 위해 퇴사까지 불사한다.

한 기업의 CEO가 내게 고민을 털어놓은 적이 있다. 신규 사업을 위해 IT 계열의 젊은 인재가 절실한데 애써 영입한 인재들이 두 달을 넘기지 못하고 회사를 떠난다는 것이다. 연봉은 물론 업무 환경, 복지까지 업계 최고 수준인데도 그들을 붙잡기가 쉽지 않다는 것이었다. 그는 신규 사업의 성장 전략이나 연봉 정책을 손봐야 하는 건지 고민하고 있었다.

나는 그에게 누가 젊은 인재들을 관리했는지 물었다. 신규 팀의 관리자급 인재를 유입하는 데 어려움이 있어 임시방편으로 전략 기획팀 실장이 맡고 있었다. 해당 실장은 전통적 방식의 강직하고 수직적인 리더십을 가지고 있다고 했다. 나는 하루빨리 전문 관리자를 영입해야 한다고 의견을 전했다. 해당 분야에 대한 이해가 부족한 직원이 그 팀을 관리하고 있다는 것도 문제이지만 무엇보다 그 관리자의 성향이 밀레니얼 세대로 구성된 팀의 인재들에게 치명적이기 때문이다.

그로부터 반 년 정도 지난 후 그 CEO는 신속하게 관리자를 영입했고 신규 팀의 인재 유실이 크게 줄었다고 한다.

5% 인재, 스마트피플을 확보하기 위해 알아야 할 것

　지금은 '인재 전쟁'의 시대다. 시대를 선도할 5%의 스마트피플을 확보하지 못하면 어떤 경쟁에서도 우위를 점하기 어렵다. 하지만 위와 같은 일이 너무나 빈번하게 발생하고 있다.

　무엇이 밀레니얼 인재들의 '퇴사 욕구'를 끓어오르게 하는 걸까? 다양한 이유가 있겠지만 지금 여기서 주목할 요소는 바로 '꼰대 문화'다. 꼰대 문화로 인해 밀레니얼 인재들은 첫째, 자신들의 워라밸이 훼손된다고 느끼며, 둘째, 일을 효율적으로 처리하기 어렵다고 여긴다. 또한 그러한 문화로 인해 자율성을 확보하기 어렵다고 말한다.

　먼저 워라밸은 시대가 변화함에 따라 꾸준히 함께 성장하는 개념이다. 워라밸은 일찍이 급여 수준, 안정성, 성장 가능성 등의 요소들을 제치고 근로자들이 생각하는 가장 중요한 가치가 되었다. 앞으로도 워라밸의 중요성은 더욱 커질 것이다.

　수직적이고 위계적인 문화에서는 워라밸의 가치가 유지되기 어렵다. 대표적인 예로 휴가와 퇴근을 들 수 있다. 업무에 지장이 가는 것도 아니고, 원칙에 어긋나는 것도 아닌데 비합리적인 이유로 휴가를 반려하거나, 아예 쓰지 못하게 눈치를 주는 분위기가 조성되어 있지 않은가? 또는 정시에 퇴근하거나 상사보다 먼저 퇴근하는 직원을 비난하는 문화가 있지는 않은가? 이런 문화는 밀레니얼 인재들에게 큰 스트레스를 준다.

수직적이고 위계적인 문화에서는 부서별로 소통이 단절된 채로 각각 고정된 업무를 수행하는 경우가 대부분이다. 이러한 의사소통 방식은 정보의 이동을 느리게 만들며 의사 결정을 지체시킨다. 그러다 보니 새로운 사업 추진과 같이 신속하게 결정해야 할 사안들이 지연되기 일쑤다.

　이러한 문화에서는 윗사람에게 잘 보이는 것이 진급에 큰 영향을 주기 때문에 보여주기 식의 야근, 과도한 서류 작업 등 소모적이고 비효율적인 일문화가 조성된다. 효율적인 업무 진행을 기반으로 하는 인재들에게는 이러한 문화 자체가 걸림돌이다.

　마지막으로 상하 위계질서 중심의 수직적 조직문화 아래 획일화된 업무 방식은 구성원들을 규격화된 부품과도 같이 취급한다. 밀레니얼 인재들은 그러한 부품이 되기보다 혁신의 주체로서 자신의 상상을 현실로 만드는 일에 몰두하며 자신의 역량을 발휘하고 싶어 한다.

제대로 된 수평적 문화를 도입하는 방법

　위와 같은 이유로 떠나는 밀레니얼 인재, 스마트피플의 발걸음을 돌리기 위해 여러 기업들이 수평적인 문화를 가진 조직으로 변하기 위해 노력하고 있다. 가장 대표적이고 잘 알려진 방법으로는 직급을 없애고 영어 이름으로 서로를 부르고 반말을 쓰는 것이다.

하지만 기업문화를 바꾸는 일이 단순히 상부의 지시로 이루어지는 것은 아니다. 수직적 조직문화에 익숙한 사람들이 몇 가지 규칙만으로 단번에 수평적 조직문화에 맞는 인재로 바뀌지 않기 때문이다. 중요한 것은 조직을 이루고 있는 구성원들을 단계적으로 수평적인 조직에 알맞은 인재로 변화시키는 것이다.

구성원들의 성향과 조직문화, 일문화를 바꾸는 가장 효율적이고 신속한 방법은 무엇일까? 바로 여기에 스마트오피스 도입의 목적이 있다. 공간의 변화를 통해 사람의 변화를 신속하고도 자연스럽게 끌어내는 것이다. 성공적인 변화를 위해서는 한 번에 이루려는 성급한 마음을 버리고, 기업의 조직문화 전체를 조망하는 동시에 부서별 특성을 파악하여 부작용을 최소화하는 단계적 접근을 시도해야 한다. 이를 위해 우리는 가장 먼저 현재의 사무 환경을 분석해야 한다. 현재 상태를 분석하면 그동안 익숙해서 몰랐던 여러 가지 장단점이 보일 것이다. 분석 결과를 바탕으로 스마트오피스 디자인 가이드라인을 잡아야 한다.

수평적 조직문화를 조성하기 위한 가이드라인을 작성할 때는 '서열 중심의 자리 탈피', '조직별 구분 없는 공간 통합'이라는 2가지 요소를 큰 축으로 해야 한다. 위계질서 위주의 수직적 조직문화의 가장 큰 특징은 '자리가 갖는 의미'가 크다는 것이다. 내 자리의 위치와 크기, 지원하는 시설에 의해 권위와 책임의 의미가 달라진다. 서열 중심으로 한다면 팀장부터 창가의 밝은 자리를 차지한다. 임원이 되면 개인이 혼자 사용하는 공간이 주어지고 직위에 따라 비서진, 전용 회의실도 가지게 된다. 그런 대우가 잘못되었다는 것이 아니다. 하지만 이러한 서열 중심의 자리 배치에서는 수평적인 문화가 움트기 어렵다.

관리자들이 선호하는 자리는 어디일까? 단연 모든 구성원이 한눈에 보이는 일명 '상석'이다. 조직원들에게 바로바로 지시할 수 있어서 관리하기 쉽기 때문이다. 하지만 이러한 자리 배치에서 '관리'는 '감시'가 되기 십상이다. 일방적인 소통이 주를 이루는 환경에서는 감시당하는 쪽이 부담과 스트레스를 호소할 것이다. 이러한 상황을 방지하기 위해서는 직급의 높낮이보다 업무의 효율성을 고려한 수평적 자리 배치를 도입할 필요가 있다. 수평적 자리 배치는 양방향 소통이 원활하게 이루어지면서 구성원의 의견이 존중되고 가치를 부여하며 창의성을 자극하는 매우 민주적인 구조이다. 수평적 자리 배치를 위해 자율좌석제를 적절하게 활용하는 것도 도움이 될 것이다.

수직적이고 유연하지 않은 조직문화에서는 각 부서와 팀들이 폐쇄적이며 서로에게 방어적인 태도를 보일 가능성이 크다. 각 부서와 팀이 엄격하게 구분되어 서로 소통하면 큰일이라도 날듯이 서로 경쟁하고, 더욱 심각하게는 같은 부서라도 어느 임원의 라인인가에 따라 소통을 꺼리는 양상이 나타나기도 한다. 이러한 문화는 일의 효율을 떨어뜨릴 뿐 아니라 구성원들에게 불필요한 스트레스를 안겨준다. 이를 방지하고 수평적 조직으로 나아가기 위해서는 각 부서를 철저히 구분하는 기존의 공간 배치에서 벗어나 모

수직적 배치	수평적 배치

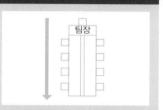

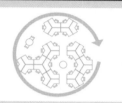

- 관리자들이 선호한 전통적인 자리 구조
- 수직적 업무 지시 형태
- 일방적 소통
- 팀 간 소통이 제한되는 구조

- 구성원들이 선호하는 스타일 구조
- 민주적인 구조
- 양방향 소통
- 구성원의 의견을 존중하고 가치를 부여하며 창의성을 자극하는 구조

현재 팀장 좌석 및 공간	향후 팀장 좌석

현재 팀장의 전용 평균 면적 3.9평
(팀장 좌석을 별도로 만들어 생긴 동선 포함)

**창가 공간 및 비효율적 동선
최적화 및 조정으로 팀 추가 공간 확보**

- 수평적 업무 환경에서 원활한 소통과 협업을 위해 팀원들과 동일한 좌석 제공
- 팀장 좌석과 공간을 파티션으로 구분하지 않음으로써 조직 개편 시 추가 공사 없이 바로 적용
- 팀을 위한 별도 공간 추가 가능

든 조직이 협업할 수 있는 통합 공간(hub zone)이 필요하다. 층별로 구분하던 기존의 공간 구성을 없애고, 구분 없이 전 층을 효율적으로 사용할 수 있는 방안을 모색해야 한다.

직급과 경력에서 나오는
리더십은 가짜다

요즘은 하나의 프로젝트를 수행하기 위한 팀의 구성이 하루가 다르게 다채로워지고 있다는 것을 깊이 체감한다. 예를 들어 이전에는 스마트오피스를 구축하려는 기업의 니즈가 '사무실 환경 개선'에 집중되어 인테리어 설계와 시공 기술을 가진 업체들이 프로젝트를 수행할 수 있었다. 하지만 '새로운 시대에 경쟁력을 갖기 위한 필수 전략'으로 스마트오피스의 가치가 많은 사람들의 공감을 사면서 기업의 니즈가 다양해졌다. 그러한 고객의 니즈를 충족하는 스마트오피스 구축을 위해 공간 컨설턴트, HR 전문가, 디자이너, 시공 전문 인력, IT 기술자 등 다양한 분야의 전문가들이 협업할 필요가 있다.

이것은 스마트오피스 분야에서만 일어나는 일이 아니다. 우리가 살아가고 있는 지금은 이전 시대에서 생각하지 못했던 융합 사업들이 생겨나는 '빅블러'의 시대이다. '빅블러'란 변화의 속도가 빨라지면서 기존의 경계가 뒤섞이는 현상을 말한다. 빅블러의 흐름 속에서는 특정 사업에만 머물면 발전과 혁신을 이루어내기 더욱 힘들어질 것이다. 앞으로 기업들은 기존의 사업 프로젝트를 반복적으로 수행하는 것에 만족해서는 안 된다. 새로운 시대에 경쟁력을 가지기 위해서는 융합적인 사고를 바탕으로 사업 분야의 경계를 뛰어넘는 아이디어를 내고 그것을 실현해야 한다.

각 분야의 필요 인력들을 모아 TFT 형식으로 빠르게 대담한 아이디어를 실행시킬 새로운 리더십이 필요하다. 같은 분야, 같은 영역의 사람들에 한정하여 협업을 하던 시대에는 팀을 이끌어나가며 의사 결정을 책임지는 팀장 아래 팀원들이 프로젝트를 진행하는 것이 보편적이었다. 하지만 앞으로도 이런 방식을 유지한다면 난관에 부딪힐 가능성이 크다.

예를 들어 생물학자, 인문학자, 공학자가 모여 TFT를 꾸린다고 하자. 모두 오랜 시간 동안 한 분야에서 역량을 쌓은 전문가들이다. 하지만 다른 관점에서 보면 시각이 좁을 수 있음을 의미한다. 이때 구성원 중 한 명이 리더가 되어 팀을 이끈다면 자신의 생각에 갇힐 가능성이 크다. 그렇다고 리더를 두지 않는다면 체계적이고 효율적인 업무가 어려울 것이며 최악의 경우 '힘겨루기'로 인해 서로의 에너지를 소진하는 문제가 발생할 수 있다. 협업을 위해 모인 구성원들은 전문 분야가 다른 것은 물론 성향, 일하는 방식, 가치관에서도 차이를 보일 것이다. 이 다름이 놀라운 아이디어의 씨앗이 될 수도 있지만 앞서 언급했던 것처럼 서로에게 날카로운 가시가 될 수도 있다. 이러한 협업 상황에서는 소통 장애와 갈등을 관리하는 것이 중요하다. 이때 단순히 직급과 경력 순으로 리더의 권한을 부여하는 것은 위험하다. 그렇다면 어떤 기준으로 리더를 정해야 할까?

아테네 민회와 아서왕 원탁의 공통점

지금 이 시대에 우리에게 필요한 리더에 대해 본격적으로 논하기 전에 잠시 과거로 돌아가 민주주의의 시초라고 일컬어지는 아테네의 이야기를 해보려고 한다. 고대 그리스의 아테네를 일명 '그리스의 학교'이자 고전 문화의 중심지로 만든 것은 바로 민주정이다. 아테네는 민회를 통해 국가의 중대사를 논의했는데, 민회란 모든 시민이 참여하여 국가의 중요한 일에 대해 직접 토의하여 결정하는 최고의결기관이다. 아테네 시민들은 나라의 크고 작은 일들을 직접 결정하는 것은 물론 누구나 공직자가 되고 추첨을 통해 의장의 역할을 맡을 수도 있었다. 또한 도편추방제라는 제도를 통해 부정한 사람들을 배제함으로써 국가와 시민의 안위를 지킬 수 있었다. 아테네의 민주정치는 시민권을 가진 성인 남성만이 참여할 수 있었다는 점에서 한계가 있었지만 당시 스파르타와 같이 절대적 의사결정권자를 두는 왕정정치와 달리 시민의 자유로운 의사표현과 참여를 보장했다는 점에서 의의를 가진다.

또 한 가지 흥미로운 이야기가 있다. 바위에 꽂힌 성검을 뽑아 잉글랜드 전설의 왕이 된 아서왕의 이야기다. 아서왕 주위에는 훌륭하고 충성심 강한 기사들이 많았는데, 예로부터 그들을 '원탁의 기사'라고 불렀다. 왜 기사들 앞에 '원탁'이라는 수식어가 붙게 된 걸까? 그들은 원탁에 둘러앉아 함께 식사를 하거나 회의를 했기 때문이다. 그렇다면 아서왕은 기사들을 왜 원탁에 둘러앉게 했을까? 어느 날 아서왕을 따르는 기사와 제후들 간에 탁자(직사각형)에 앉는 순서를 두고 다툼이 생겼고, 급기야 검을 겨누고 싸우다가 죽는 일이 벌어졌다. 아서왕은 이 문제를 해결할 방법을 강구하다 원탁을 떠올리게 된 것이다. 사각형 탁자와 달리 원형 탁자는 윗자리와 아랫자리의 구분이나 순서가 없으므로 어디에 앉더라도 상하관계가 드러나지 않는다. 원탁에서는 자리싸움이 일어날 여지가 없다. 원탁을 만든 이후부터 더 이상 기사들 간의 싸움이 일어나지 않았다.

세르파, 길을 트고 이끄는 사람들

역사 속의 이야기에서 개인 간의 원활하고 자유로운 소통과 합의 과정을 위해서는 그에 맞는 구조와 섬세한 절차가 필요하다는 것을 알 수 있다. 여기에 하나의 관점을 더 추가하자면 프로그램과 구조를 고안, 설계하고 상황에 따라 수정, 보완하는 역할을 누군가 해줄 때 더 효율적이고 온전한 소통과 합의가 가능하다는 것이다. 그러한 역할을 수행할 사람에게 우리는 어떤 이름을 붙이는 것이 좋을까? 소통형 리더, 민주주의적 리더, 의사소통 코치, 협업 코치 등을 떠올릴 수 있다. 하지만 우리가 지금 강조하고 싶은 것은 구성원들보다 앞쪽 또는 위쪽에 서서 구성원들을 끌어주는 존재가 아니라 한쪽 시선에 치우치지 않고 균형을 잡으며, 구성원 간 원활한 소통을 이끌어줄 존재이다.

소통과 합의, 협력의 장소를 과거의 아테네와 잉글랜드가 아닌 현재의 기업들로 옮겨 왔을 때 어떤 이름을 붙일 수 있을까? 우리는 그 존재에게 'CI-세르파(Coworking Innovator-sherpa)'라는 이름을 붙여보려 한다. 많은 사람들이 세르파를 짐꾼이라고 생각하지만 어원을 보면 짐꾼이라는 뜻이 아니다. 티베트어로 동쪽을 뜻하는 '샤르(shar)'와 사람을 뜻하는 '파(pa)'의 합성어로 '동쪽에서 온 사람' 이라는 뜻이며 쿰부라는 고산지에 사는 민족의 이름이다.

세르파족은 신체적, 인지적으로 산악 지형을 잘 파악하고 익숙하다. 그들은 많은 산악인들의 든든한 지원군이 되어준다. 산악 등반 전문 안내는 세르파의 가장 가시적인 역할이지만 세르파는 단순한 가이드가 아닌 산악인들의 친구이자 동료로서 등반 시 발생 가능한 모든 상황에 대비할 수 있도록 조언한다. 앞으로의 시대에 기업에 필요한 것이 바로 세르파의 이러한 역할이 아닐까? 이전 시대에는 생각하지 못했던 융합 사업들이 생겨나고 빠른 속도로 TFT가 구성되고 해체될 것이다. 프로젝트가 빠르게 진행되려면 독립적인 위치에서 전체를 관리할 사람이 필요하다. 팀 내부에서 일어나는 갈등을 해결하고 목표를 상기시키며 구성원들이 혁신적인 아이디어를 낼 수 있도록 이끌어줄 존재가 바로 CI-세르파이다.

세르파 리더십이
시작된다

기하급수 시대의 리더십은 어떠해야 하는가?

세르파가 원래 '동쪽에서 온 사람'이라는 뜻이듯이 4차 산업혁명을 이끌 나라가 동쪽의 고요한 나라이기를, 한류 열풍이 기업 경영에서 새로운 풍요의 세계로 안내하길 기원한다. 그러기 위해서는 스마트피플이 '세르파 리더십'의 공감 능력을 겸비할 필요가 있다.

기하급수적 성장의 시대에는 4차 산업혁명을 주도할 기술들의 초융합, 초연결, 초지능으로 우리가 상상하지 못하는 기하급수의 가치를 만들어낸다. 이전까지는 수직적 의사 결정 기반의 리더십이었다면, 기하급수적 성장의 시대는 수평적 의사 결정의 세르파 리더십이 필요하다. 두 리더십의 의사 결정 과정을 살펴보고 스마트오피스 구축 시 어떤 패러다임으로 적용할지 알아보자.

수직적 의사 결정 리더십은 팀장이나 임원이 의사 결정의 최종 권자라는 패러다임을 암묵적으로 인정하고 회의를 시작한다. 산술적 성장의 시대에 피라미드 형태의 조직구조에서는 권위의 기반인 직급과 지위가 '어제의 시대'에 오랜 세월 쌓아온 경험과 지식을 통해 부여되었다. 리더십의 변화를 이끌어내기 위해 일부 공룡 기업은 메트리스 구조로 조직을 개편하고 8단계의 직급 체계도 반으로 줄여 매니저 또는 프로라는 직급으로 의사 결정을 신속하게 하기 위해 부단한 노력을 하고 있다. 또한 부서 간의 통합팀으로 '○○프로젝트팀'이라고 하기도 한다.

예를 들어 마케팅팀과 엔지니어링팀이 함께 새로운 시장의 니즈를 파악하고 신제품을 개발하기 위해 회의를 한다고 해보자. 회사에 기여한 공을 인정받아 수직적 기반의 직급 논리로 엔지니어링팀 팀장이 회의 진행을 주관한다면 의사 결정의 방향은 엔지니어링 패러다임으로 결정될 가능성이 높다. 프로젝트팀으로 돌파구를 찾지만 근본적으로는 수직적 의사 결정의 리더십에서 벗어나기 쉽지 않다.

거대 기업을 이끌어온 리더십의 한계

'어제의 기업 조직' 패러다임은 공룡 기업이 가지고 있는 리더십의 한계다. 구글 엔지니어링 이사이자 《특이점이 온다》의 저자 레이 커즈와일 박사가 "21세기에 경영서를 단 한 권만 읽는다면 이 책을 읽어야 한다"고 한 책이 실리콘밸리의 천재 혁신 기업가들이 함께 쓴 《볼드(Bold)》(비즈니스북스, 2016)이다. 이 책에서 피터 디아만디스와 스티븐 코틀러 박사가 말하는 '어제의 시대'와 '기하급수 시대'의 재미있는 비유를 들어보자.

공룡은 지구 지배의 끝을 보여준 파충류였다. 하지만 공룡의 치세도 영원할 수는 없었다. 백악기는 대규모 폭발과 함께 막을 내렸다. 지름이 약 10킬로미터쯤 되는, 그러니까 샌프란시스코보다 살짝 작은 소행성 하나가 멕시코 유카탄 반도에 충돌한 것이다. (중략) 당시로서는 절대적 우월한 형태의 생물이었던 공룡도 미처 적응할 틈도 없었다. 공룡은 멸종했다. 그러나 이것이 인류에게는 좋은 소식이었다. 큰 덩치에 느릿느릿 굼뜨고 유연하게 대처할 수 없었던 공룡에 반해, 작은 덩치의 포유류였던 초기 인류, 즉 우리 조상들은 훨씬 더 기민하고 적응력이 있었다. 조상들은 지구를 휩쓴 지독한 변화를 계기로 새로운 환경에 적응했고, 이후 거침없는 성공 가도를 달리게 된다. 진화적 관점에서 본다면 '눈 깜짝할 새'에 공룡은 사라졌고, 포유류가 세상의 왕이 됐다. 한 가지 사실만은 분명하다. 역사는 기묘하게도 되풀이된다. 이 거대한 충격과 급격한 변화 그리고 눈부신 부활의 이야기는 그 어느 때보다 지금 우리에게 시사하는 바가 크다. 특히나 당신이 비즈니스 세계에 몸담고 있다면 말이다. 왜냐하면 지금 이 순간 우리가 사는 세상에는 또 다른 소행성이 덮쳐오고 있기 때문이다.

덩치 크고 굼뜬 종들은 멸종시키고, 빠르고 기민한 자들에게는 어마어마한 기회의 문을 열어줄 그 소행성의 이름은 바로 '기하급수 기술(exponential technology)'이다. 이 이름이 생소한 사람이라고 해도 그 파급력만큼은 결코 낯설지 않을 것이다. (중략) 기민하고 적응력이 뛰어난 이 혁신가들은 기하급수 기술의 활용법을 하나씩 터득해나가면서 '기하급수 기업가'로 거듭나고 있다.

— 피터 디아만디스·스티븐 코틀러, 《볼드(Bold)》, 비즈니스북스, 2016

여기서 말하는 혁신가를 우리는 스마트피플이라고 부른다.

세르파, 지금 우리에게 필요한 리더십

기하급수적 성장 시대의 핵심 인재인 스마트피플의 세르파 리더십에 대하여 알아보자. 세르파CIC는 창의적이고 혁신적인 아이디어가 기민하고 빠르게 채택되도록 돕는다. 따라서 리더에게는 서로 간의 공감 능력을 끌어내는 역할이 중요하다. 지위나 직급이 아니라 공감 연결 능력을 갖춘 사람이어야 한다. 인류의 생태계를 흔들 '기하급수의 기술'들은 초융합, 초연결 패러다임을 기반으로 하며 곧 초지능의 AI도 그 회의에 동참할 예정이다. 각기 분야가 다른 기하급수의 기술을 연결하여 비즈니스를 만들려면 서로 공감하고 신뢰해야 한다. 서로 다른 패러다임의 생물학자와 엔지니

어, AI가 협업하는 시대에 예전의 경험과 지식은 백악기 공룡 시대에 살아남는 법만큼이나 진부해졌다. 이제 인류에게는 새로운 리더십이 필요하다.

우리는 새로운 리더십을 'CI-세르파'라 명명하고 지속적인 연구 개발을 통해 세상에 공개하고 전파할 것이다. 이것은 스마트피플의 보편적인 의사 결정 원칙이 되고, 이러한 소통의 유용성은 비즈니스뿐 아니라 가정에도 영향을 주며 사람과의 관계를 훨씬 행복하게 변화시킬 것이다. 기하급수의 시대에는 물질적인 풍요뿐 아니라 정신적인 풍요도 필요하다.

CHAPTER

스마트 공간을
구축하라

누가 그래?
공유 오피스가 스마트오피스라고

오피스를 공유하는 위워크, 주거 공간을 공유하는 에어비앤비, 이동 수단을 공유하는 우버 등을 필두로 공유 경제 서비스가 활성화되던 때가 있었다. 여기저기서 공유의 개념을 도입한 서비스가 출시되었고, '소유의 시대'가 끝났다는 말이 구호처럼 들려왔다. 오피스 시장도 시대적 상황에 따라 새로운 바람이 불었다. 새로운 바람은 기존의 것들을 환기하는 역할과 더불어 혼란을 가져온다.

당시 기존 사업의 성공으로 다른 기업을 인수하고 계열사를 늘려가고 있던 H기업이 있었다. 급작스럽게 늘어난 구성원들을 기존 오피스 공간에 수용할 수 없어 공간 혁신을 위한 스마트오피스 구축을 우리에게 의뢰했다. 실무자들과 첫 미팅에서 스마트오피스 구축 가이드라인을 보여주자 그들은 '우리가 구축하려는 것은 스마트오피스가 아니라 공유 오피스'라는 피드백을 주었다. 새로운 인원과 조직이 추가되어 공간뿐 아니라 조직문화와 기업문화의 혁신과 연결이 필요한 상황이었기에 자율좌석제로 대표되는 공유 오피스 구축으로는 큰 효과를 얻기 어렵다는 판단하에 몇 번의 설득 과정을 거쳤다. 하지만 실무자들은 최고의사결정권자인 CEO의 의견이라며 뜻을 바꾸지 않았다. 그렇게 단순히 자율좌석제와 다양한 형태의 업무 공간을 통해 공간 효율을 높이는 방향으로 프로젝트를 진행하던 중 실무자들에게 연락이 왔다. 그들은 첫 미팅 때 보았던 스마트오피스 구축 가이드라인 자료를 요청했다. 그리고 며칠 후 오피스 구축 방향을 공유 오피스에서 스마트오피스로 전면 수정해달라고 하는 것이었다.

이런 일이 발생한 이유는 무엇일까? 최고의사결정권자와 실무자 사이의 소통에 혼선이 생겼기 때문이다. 최초에 CEO가 실무자들에게 위워크를 예로 들면서 인원이 크게 늘고 다양한 성격을 가지게 되었으니 공유 오피스를 기반으로 새로운 공간으로 혁신하자는 뜻을 밝혔다. 실무자들은 예시로 든 공유 오피스에 대해서만 조사했기에 자신의 조직에 필요한 오피스 공간을 정확하게 인지하지 못했다. 공유 오피스 프로젝트를 진행하던 중 중간 보고를 하는 과정에서 단순히 공간을 공유하는 개념이 아닌 조직문화와 일 문화를 포함하는 공간 혁신을 원한다는 CEO의 본래 뜻을 알게 된 것이다. 본격적인 공사와 디자인을 시작하기 전이었기에 해프닝처럼 지나갔지만, 더 많은 단계가 진행되었을 때 소통의 오류가 드러났다면 시간적인 손해는 물론 금전적인 타격 또한 컸을 것이다. 몇 년이 지난 지금도 공유 오피스와 스마트오피스를 혼동하는 사람들이 여전히 있다. 이러한 혼동 때문에 공들여 구축한 오피스 공간이 제 기능을 하지 못하고 죽은 공간이 되는 일이 흔하다. 이러한 혼선을 방지하기 위해 우리는 공유 오피스와 스마트오피스의 개념을 확실하게 구분할 줄 알아야 한다. 그렇다면 공유 오피스와 스마트오피스는 어떤 점에서 같고, 또 다를까?

스마트오피스는 공간이 아니다

가장 확연한 차이점은 공간 구축의 목적과 목표에 있다. 공유 오피스는 현재의 조직문화를 유지하는 것을 전제로, 공간의 효율을 극대화하여 소통과 협업이 잘 일어나는 열린 오피스 환경을 목표로 한다. 반면 스마트오피스는 공간 효율을 염두에 두는 것은 물론 조직문화와 기업문화의 정렬 및 혁신, 몰입 유인, 고도화된 기술 접목 등의 요소들을 모두 고려하여 목표를 설정한다. 공유 오피스가 공간을 공유함으로써 얻는 효율성에 집중한다면 스마트오피스는 공간의 효율뿐 아니라 본질적인 부분의 혁신과 변화 관리까지 포함하는 전략이다. 따라서 구축 과정과 구축한 공간에서도 차이점이 드러난다.

먼저 공유 오피스는 공유할 수 있는 공간을 최대한 늘리는 방향으로 가이드라인을 세운다. 공간의 총면적과 특징, 사용할 인원을 파악하고 고정좌석, 자율좌석의 비율을 조절하는 것을 큰 축으로 잡는다. 공유 오피스는 한 기업만 사용하는 공간이 아니라 위워크와 같이 여러 기업들이 입주하여 사무 공간을 공유하는 경우가 많기 때문에 구축 과정에서 각 기업의 고유한 특성이나 기업문화, 조직문화를 크게 고려하지 않는다.

반면 스마트오피스는 특정 기업의 업무 공간으로 구축되는 경우가 많다. 공간의 효율을 고려한다는 점에서는 공유 오피스와 마찬가지로 공유할 수 있는 공간을 기획하는 데 공을 들인다. 하지만 여기에 그치지 않고 해당 기업의 조직 구성, 인원, 기업문화, 조직문화, 팀별 업무 특징 및 팀 간 협업 프로세스 등 고유한 데이터를 먼저 분석한다. 그것을 바탕으로 얼마만큼 변화할 것인지 목표를 설정하고 가이드라인에 따라 공간을 기획하는 것이다.

공유 오피스와 스마트오피스는 구축 과정에서 본질적인 차이가 있기 때문에 구축된 공간의 특징도 다르다. 먼저 공유 오피스는 통합 라운지, 회의실, 캔틴, 캐주얼 미팅 공간, 오픈 좌석 등 공유할 수 있는 공간이 큰 축을 이룬다는 특징이 있다. 또한 어떤 기업이 사용해도 불편하거나 어색한 부분이 없어야 하기 때문에 표준적이고 평균적인 공간으로 구성된다. 스마트오피스 또한 공유 오피스와 마찬가지로 기본적인 공유 인프라를 가지고 있지만 각 기업의 고유한 특성을 반영한 공간이라는 점에서 큰 차이가 있다. 제품 디자인을 하는 기업이라면 품목에 맞는 샘플실, 디자인실, 전시실 등이 필요할 것이다. 또한 각 기업이 앞으로 나아갈 방향을 지지할 수 있고, 고정된 공간이 아니라 기업과 함께 변화할 수 있다는 점이 스마트오피스 공간의 가장 중요한 특징이다.

급변하는 기하급수의 시대를 돌파하기 위해서는 기업의 모든 요소들이 발맞춰 나가야 한다. 공간은 기업에 없어서는 안 될 문화와 사람을 담는 그릇이다. 기업의 문화와 조직 구성원들은 공간과 직접적으로 소통하며 영향을 주고받는다. 기업의 공간은 기업 고유의 문화를 담아낼 뿐 아니라 그것을 강화하고 조직 구성원들의 생산성을 가장 행복한 방식으로 이끌어낼 수 있어야 한다. 오피스 공간은 때로는 조직 구성원들이 모여 의견과 정을 나눌 수 있는 문화의 장이고, 때로는 안전하고 편안하게 휴식할 수 있는 아지트이며, 놀라운 몰입과 창의성을 일으킬 수 있는 인큐베이터가 되어야한다. 그러기 위해 단순히 쾌적하거나 효율적인 공간을 넘어서 각 기업에 꼭 맞는 고차원적인 공간이 되어야 한다. 당신의 기업에 필요한 오피스는 어떤 공간인가?

"이건 10억을
버리자는 얘기지"

스마트오피스 구축의 맹점

모 기업의 회장은 거금을 투자해 스마트오피스를 구축했다. 돈을 들인 만큼 큰 기대를 걸었던 그는 완성된 공간과 그곳에서 일하는 직원들을 보고 "이건 10억을 버리자는 얘기지"라고 말하며 실망감을 감추지 못했다. 회장은 무엇을 기대했고, 왜 실망하게 된 것일까? 대부분의 기업 CEO들은 단순히 업무 환경 개선을 위해 스마트오피스를 도입하려는 게 아니다. 그들은 스마트오피스를 변화의 씨앗으로 삼고자 한다.

위의 회장 역시 스마트오피스를 통해 유연하고 자유로운 분위기를 형성하는 것을 시작으로 조직문화의 혁신으로 나아갈 큰 그림을 그렸다. 하지만 그의 눈앞에 펼쳐진 것은 이전과 크게 다르지 않은 직원들의 모습이었다. 공간이 한결 쾌적해지고 다양했지만, 그곳을 채우는 조직 구성원들의 모습은 그가 기대했던 것과 크게 달랐다. 이전과 같은 모습으로 일하며 바뀐 공간에 적응하지 못하는 불편한 기류가 여기저기서 느껴졌다. 이와 같은 일은 현장에서 비일비재하게 일어난다. 언론에서는 모 기업의 스마트오피스 공간이 성공적으로 구축되었다는 기사들이 하루가 멀다 하고 쏟아져 나오지만 실상은 처참하다. 직원들이 불편을 호소하면서 이전 환경으로 돌아가는 기업도 적지 않고, 공간을 부분적으로 보강하느라 추가 비용을 들이는 기업도 허다하다.

스마트오피스를 구축하는 것은 간단한 일이 아니다. 각 기업에 꼭 맞는 공간 기획을 위해 컨설팅을 진행하고, 기획을 바탕으로 도면을 설계하고, 그 도면을 구현하는 공사까지 무수한 전문 인력이 투입된다. 또한 그 과정들을 충분히 진행할 수 있는 시간과 자본이 필요하다. 그런 만큼 결과가 좋지 않을 때 기업에게 돌아오는 손해 또한 치명적이다.

스마트오피스에 대한 오해

위와 같은 일이 끊이지 않고 발생하는 이유는 스마트오피스에 대한 오해 때문이다. 스마트오피스에 대한 해석은 일하는 분야와 업종 그리고 삶의 경험에 따라 너무도 다양하다. 혁신의 아이콘인 구글의 본사가 스마트오피스로 소개되고 얼마 지나지 않아 각 분야의 사람들을 만나 인터뷰한 적이 있다. IT 분야에서 일하는 사람은 첨단 IT 기기를 이용한 업무 방식을 스마트오피스(정부의 공식 문헌에도 스마트오피스는 IT 위주의 워크센터라고 표기되어 있다)의 조건이라고 강조했고, HR(인사관리) 분야에서 일하는 사람은 조직의 변화 관리에 중점을 두고 접근했다. 공간을 디자인하는 사람은 구글처럼 놀이터 같은 사무 환경을 스마트오피스라고 여겼다. 심지어 스마트오피스에 대해 조사하고 공부한 사람조차 정해진 자기 자리가 없는 자율좌석제 또는 변동좌석제라고 정의하기도 한다.

이러한 주장들이 부분적으로는 맞지만 스마트오피스라고 말하기에는 부족한 점들이 많다. 부분적인 조건들만으로 스마트오피스를 정의하고 새로운 시대를 준비하는 혁신 기업의 전략으로 삼는 것은 위험하다. 스마트오피스에 대한 정의가 서지 않으니 스마트오피스를 도입하는 목적을 명확히 하기도 힘들다. 이런 상황에서 스마트오피스 도입은 HOW(어떻게 도입할 것인가?)에 초점이 맞춰질 수밖에 없다. 다음은 그동안 스마트오피스 구축 상담을 요청한 기업들에게 자주 들어왔던 이야기들이다.

"우리 기업은 개발자가 많아 고정좌석이 많이 필요한데 자율좌석제를 어떻게 적용하느냐."

"임원실은 크기를 줄이고 직원의 자율좌석 비율은 80% 정도로 적용한다는데 우리도 그 정도 수준에서 공간을 설계해달라."

"스마트오피스를 견학해보니 카페처럼 꾸며놓았던데 우리도 그렇게 디자인해보자."

"스마트오피스는 자율좌석제이니 우리도 자율좌석제로 설계해보자."

"공유 오피스로 한창 뜨고 있는 '위워크'가 스마트오피스 같으니 참조해서 그렇게 디자인하자."

"○○기업에 답사를 가보고는 분위기가 마음에 드신다고 회장님이 말씀하셨다. 그러니 참고해서 디자인해달라."

우리는 왜 스마트오피스를 도입하려고 하는가?

이처럼 스마트오피스에 대한 접근은 대부분 'HOW'의 관점에 맞춰져 있다. 하지만 우리는 '스마트오피스를 어떻게 구축할까?'라는 질문에 앞서 'WHY(왜)', 즉 '스마트오피스를 왜 도입하는가?'라는 질문에 답해야 한다. 스마트오피스는 한 번 시도하고 마는 일회적인 프로젝트가 아니다. 자율좌석제, 공유 오피스 등으로 정의할 수 있는 단순한 개념이 아니며, 공간 개선의 측면으로만 접근해서도 안 된다. 첨단 IT 장비 도입 또한 스마트오피스의 전부라고 할 수 없다.

국내 유수의 기업들이 모두 공간을 혁신한다고 하니 안 할 수는 없고, 마침 공간 활용도 아쉬웠던 참이고, IT 기술 도입에도 뒤처지면 안 될 것 같고, 이참에 노후된 환경도 개선하면 좋겠다는 생각으로 시작하는 경우가 많다. 이처럼 도입의 목적이 불분명한 채로 단순히 잘 구축된 것처럼 보이는 다른 기업의 공간을 모방한다면 죽은 공간이 될 것이다. 그런 공간에서는 혁신이 일어나지 않을 뿐 아니라 조직 구성원들은 어설픈 공간에 적응하느라 스트레스를 받는다.

스마트오피스는 기하급수적 성장의 시대를 돌파하기 위한 하나의 전략이다. 5%의 인재인 스마트피플이 선호하는, 그들이 자신의 역량을 폭발적으로 발휘할 수 있는 기업문화와 조직문화, 일하는 방식과 공간이 구현되어 있으며 로봇(AI)과 함께 일할 수 있는 문화까지 모두 갖춘 것이 바로 스마트오피스이다. 우리는 스마트오피스의 복합적인 가치를 이해하고, 우리 기업만의 구체적인 스마트오피스 도입 목적(WHY)을 세워야 한다.

당신의 기업에서 스마트피플의 확보가 시급한지, 스마트피플은 있지만 그들이 자유롭게 일할 수 있는 문화가 필요한 것인지, 사람과 문화는 준비되었지만 공간의 다양성이 부족한지, 로봇(AI)과 일할 준비가 되어 있지 않은 것인지 컨설팅 단계에서 섬세히 살펴볼 필요가 있다. 이와 같은 과정을 거쳐 우리가 왜 변하려 하는지 목적을 분명히 한 후 어느 정도 변화할 것인지 심사숙고해서 가이드라인을 세워야 한다. 이 과정들을 거친 후에야 우리는 HOW에 대한 실행안을 세울 수 있다. 이런 과정을 거쳐 구축된 스마트오피스만이 그 가치를 발휘해 우리 기업이 기하급수 시대를 선도할 기업으로 나아가는 데 든든한 버팀목이자 양질의 토양이 되어줄 것이다.

매일같이 새로운 기술에 대한 보도가 쏟아지고, 시장의 판도가 이전과는 다른 속도로 바뀌고, 새로운 경쟁사들이 치고 나오는 급변의 시대다. 이런 시기에는 마음이 조급하고 마치 터널 속을 지나는 듯 눈앞이 캄캄해지는 게 당연하다. 불안한 마음에 '앞이라고 여겨지는 방향'으로 닥치는 대로 걸음을 옮기고 싶은 마음이 들겠지만, 어느 때보다 신중하게, 모든 감각과 통찰력을 동원하여 어디로 나아가야 할지를 인지해야 한다. 그 과정이 지난하게 느껴질 수도 있지만 긴 터널 끝에 마주하게 될 풍경은 그 시간을 충분히 보상받고도 남을 만큼 벅찰 것이다.

스마트오피스를 구축하고
230억 원을 벌어들인 기업

공간을 효율적이고 경제적으로 활용하는 것도 스마트한 공간의 한 축이다. 넓은 공간을 좁게 쓰고 있지 않은지, 버리는 공간이 많지 않은지, 규모에 비해 공간이 비대해 탄력성이 떨어지지 않은지 등 여러 방면으로 공간의 활용성과 경제성을 진단한 후 최대한의 효율을 끌어낼 수 있는 방식으로 개선해야 한다. 활용성이 극대화된 공간은 기업에게 경제적 이득을 주는 것은 물론 조직원들 또한 공간을 알맞게 사용할 수 있다.

몇 년 전 S그룹의 요청으로 기업에서 사용하는 사무 공간의 비효율성에 대한 분석 및 개선 프로젝트를 진행했다. 초기 분석을 통해 경제적 실리와 공간의 탄력성을 강화하는 방향으로 가이드라인을 잡고, 총 11개 층을 스마트오피스로 구축했다. S그룹의 전체 임직원 수는 466명이었고 한 층의 임대 면적은 실평수 200평이었다. S그룹은 총 11개 층을 사용하고 있었으므로 총면적의 실평수는 2200평이 된다. 각 층의 기존 용도는 아래와 같다.

11F	임원 공간
10F	임원 공간
9F	업무 공간
8F	업무 공간
7F	업무 공간
6F	업무 공간
5F	공용 공간 & 업무 공간
4F	업무 공간
3F	업무 공간
2F	공용 공간(어린이집, 방송실, 여행사, PC도움방 등)
1F	로비, 회의실, 카페, 강당, 고객 상담실

11개 층 중 업무 공간으로 사용되고 있는 9층을 샘플 층으로 설정하고 분석한 결과 총 좌석 수는 72석인 반면 실제 사용하고 있는 좌석은 53석으로 공간 활용도와 탄력성이 떨어졌다. 또한 입구에 있는 일자형 복도 공간을 기준으로 업무 공간과 임원 공간 및 회의실이 나누어져 있어 동선이 단조롭고 공간이 분리된 듯한 인상을 주었다. 또한 일반적으로 업무 공간으로 가장 선호하는 창가 자리는 O/A와 캔틴이 차지하고 있어 공간 활용이 아쉬웠다. 업무 공간은 기역자 형태의 책상이 많이 차지하고 있었고, 팀장 자리와 팀원

S그룹 9층 평면도(동그라미 표시가 된 곳은 공석)

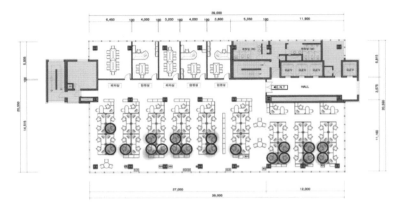

자리의 수직적인 배치로 공간 활용이 유연하지 않고 비효율적이었다.

S그룹의 9층 업무 공간은 공간 활용도와 탄력성 2가지 요소 모두 아쉬웠다. 이러한 점들을 보완하고 효율적인 공간 사용을 위해 다음과 같은 스마트오피스를 제안했다.

기존의 딱딱했던 입구 쪽은 통합 라운지로 활기차고 개방적인 공간을 조성했다. 임원 공간은 한쪽으로 몰아 배치하고 앞쪽에 열린 회의 공간을 두어 임원들 또는 직원들의 회의, 보고 대기 공간 등으로 활용할 수 있도록 했다. 회의실은 목적에 맞게 다양한 크기로 구성했고, 기존의 O/A와 캔틴이 차지하고 있던 창가 공간에 자율좌석과 열린 업무 공간을 조성하여 간단한 회의 및 업무, 집중 업무까지 모두 가능한 공간으로 활용도를 높였다. 기존의 잉여 공

S그룹 9층 스마트오피스 적용 평면도

간에는 옷장, 팀 로커 등을 배치하여 불필요한 공간을 최소화했다.

업무 공간은 비효율적이었던 수직적 자리 배치에서 벗어나 활용도 높은 방식으로 책상을 배치했다. 기존 공간이 고정좌석 72석으로 72명을 수용할 수 있었던 반면, 스마트오피스는 고정좌석 62석, 자율좌석 34석으로 105명까지 수용할 수 있다. 이런 방식으로 모든 층의 공간 활용과 인원 분포를 분석한 결과 S그룹이 3개 층을 필요 이상으로 사용하고 있었다. 또한 신규 사업부가 사용할 외부 건물 임대를 추진 중이므로 부차적인 비용과 비효율적인 공간이 발생할 위험이 예상되었다.

반면 스마트오피스를 도입할 경우 3개 층의 임대료와 조직 개편 및 리모델링 비용을 절감할 수 있었다. S그룹이 사용하고 있는 3개 층의 1년치 임대료, 관리비, 보증금은 17억 원이었다. 조직 개편으로 인한 직원 책상 구입과 공간 리모델링 비용은 6억 원으로 측정되었다. 스마트오피스를 구축할 경우 발생하지 않는 부차적인 비용이다. 따라서 S그룹은 스마트오피스 도입 시 1년 기준 약 23억 원, 5년 기준 약 115억 원, 10년 기준 약 230억 원의 경제적인 실리를 얻을 수 있다.

　많은 기업들이 스마트오피스 구축이나 리모델링 등으로 공간에 들이는 비용을 낭비라고 생각한다. 하지만 스마트오피스는 공간 활용도를 높이고, 조직의 변화에 유연하게 대응할 수 있기 때문에 결과적으로는 쓰지 않아도 될 돈을 절약하는 효과가 있다. 임대료와 조직 개편에 따른 공간 리모델링에 투입할 돈을 정말로 필요한 곳에 투자할 수 있는 것이다. 절약한 비용으로 스마트피플을 수용할 수 있는 환경을 조성할 수도 있을 것이다. 또한 직원 복지에 투자하여 조직원들의 스트레스를 줄이고 사기를 증진해서 기업의 생산성을 높일 수도 있다.

스몰토크가 100억 원 가치의
비즈니스가 되는 과정

대담한 아이디어는 회의실에서 나오지 않는다

'창의력은 책상 앞에서 나오지 않는다'는 말을 들어본 적이 있는가? 처음 이 말을 접했을 때 누군가 내 뒤통수를 쾅 내리찍은 듯했다. 이렇게 간단한 진실을 알지 못하고 창의적인 생각이 필요할 때마다 몇 시간을 책상 앞에 앉아 끙끙거리던 내 모습이 떠올랐던 것이다. 대부분의 책상은 딱딱하고 전형적인 모양새를 가지고 있다. 또한 책상은 주로 도서관, 사무실, 독서실 등 조용한 공간에 놓인다. 이런 곳에서 창의적인 에너지를 내뿜기는 어렵다. 그럼에도 아이디어가 필요할 때면 책상 앞에 앉는 것은 습관의 문제이다. 그렇게 교육을 받아왔기 때문이다.

초등학생 때부터 고등학생, 대학생 때까지 우리는 책상 앞에 앉아 공부를 하고 생각을 해왔다. 그러한 습관이 몸에 배어 책상 앞을 잘 벗어나지 못했다. 하지만 생각해보면 창의적인 생각은 긴 시간 엉덩이를 붙이고 앉아 있던 책상 앞이 아니라 샤워를 할 때나 길을 걸을 때 어느 순간 갑자기 찾아왔다. 이 진실을 깨닫고 난 후로 나는 아이디어가 필요할 때면 산책을 하거나 새로운 장소에 가거나 사람들과 대화를 한다. 물론 창의적인 아이디어를 떠올린 후에는 지난한 '책상 앞의 시간'이 필요하다. 하지만 그 전에는 폭발적으로 아이디어를 끌어낼 창의적인 시간이 필요하다. 우리가 잊고 있었던 책상 밖의 시간을 확보해야 하는 것이다.

'창의력은 책상 앞에서 나오지 않는다'는 말은 여러 사람이 협업해야 하는 업무 상황에도 적용할 수 있다. 예를 들어 '대담한 아이디어는 회의실에서 나오지 않는다.' 대부분의 회사에서 아이디어가 필요할 때면 관련 부서 사람들을 회의실에 모아 이야기를 나눈다. '회의'라는 형식과 회의실이라는 공간이 주는 딱딱함에 모두 조금씩 경직된 채로 말이다. 이는 앞서 말한 '책상 앞의 시간'과 크게 다르지 않다. 하지만 우리에게는 회의실에서 구체적인 이야기를 하기에 앞서 '회의실 밖의 시간'이 필요하다. 그렇다면 '회의실 밖의 시간'이란 무엇일까? 딱딱한 분위기에서 벗어나 편안하고 유연한 분위기 속에서 이야기를 나누며 아이디어를 주고받는 시간이다. 그런 과정에서 우리는 창의적인 아이디어를 바탕으로 생산적인 '회의실의 시간'을 이어나갈 수 있다.

대담한 아이디어를 내고 놀라운 속도로 그것을 세상에 내보이는 구글은 '회의실 밖의 시간'을 중요하게 여기는 기업 중 하나이다. 어느 날 구글은 먹음직스러운 킹크랩을 공용 공간에 차려놓고, 협업이 필요한 두 팀의 구성원들을 불러 파티를 열었다. 서로 다른 일을 하는 구성원들이 서로 어우러져 킹크랩을 먹기 시작했다. 맛있는 음식과 화기애애한 분위기 속에서 그들은 서로 대화를 나눴다. 자신의 취미생활, 가족 이야기부터 업무적인 아이디어까지 활발한 스몰토크를 이어나갔다. 그전에는 눈인사만 할 정도로 어색했던 직원들이 서로에게 마음을 열고 신뢰를 쌓아갔다. 킹크랩 파티 후 두 팀의 협업이 눈에 띄게 달라졌고 이후 구글은 킹크랩 파티와 비슷한 이벤트를 자주 열었다고 한다.

스몰토크 속 숨겨진 큰 가치

구글이 킹크랩 파티까지 열어가며 직원들 간 교류와 스몰토크를 끌어내려 했던 이유는 무엇일까? 이는 스몰토크가 가지는 가치 때문이다. 스몰토크의 가치는 크게 2가지로 나누어 생각할 수 있다. 첫째, 스몰토크는 조직 구성원들의 관계를 유연하게 만들어준다. 스몰토크가 일종의 관계적 스트레칭 활동이 되는 것이다. 사회적 동물인 인간은 주변과의 관계가 원활할 때 도파민이 분비되고 그렇지 않을 때 스트레스 물질이 생성된다. 조직 구성원 간의 관계가 직접적으로 업무 효율과 성과에 영향을 줄 수 있는 것이다.

구성원들이 딱딱하고 경직된 분위기 속에서 긴장하며 업무를 하는 것이 아니라 심리적으로 억압받지 않을 수 있는 부드럽고 유연한 환경을 만들어주어야 한다. 그런 환경이 조성되어 있는 기업과 그렇지 않은 기업의 근무 질은 확연히 달라진다. 모두가 탐내는 스마트피플은 똑같은 조건이라면 근무 환경이 더 좋은 곳을 선택할 수밖에 없다. 또한 그러한 사내 분위기는 구성원들이 서로 에너지를 주고받고 시너지를 낼 수 있는 환경을 만드는 데도 도움이 된다.

스몰토크의 또 다른 가치는 창의적인 아이디어들이 무수히 샘솟는다는 것이다. '대담한 아이디어는 회의실에서 나오지 않는다'는 것과 같은 맥락이다. 딱딱한 업무적 대화가 아니라 가볍게 주고받는 이야기 속에서 톡톡 튀는 아이디어들이 나오기 쉽다. 또한 회의가 정해진 구성원들만 제한적으로 참여하는 것에 비해 열린 공간에서 이루어지는 스몰토크는 여러 사람들이 모여들기에 의외의 아이디어가 나올 수 있다. 생각지 못했던 조합의 시너지를 일으킬 가능성이 커지는 것이다. 같은 종이라도 수족관보다는 강이나 바다에서 나고 자란 물고기가 더 큰 것처럼 좁고 한정적인 회의실이 아닌 넓고 풍부한 환경에서 더욱 대담한 아이디어가 나오는 것은 당연한 일이다.

자연스러운 스몰토크는 공간으로부터 나온다

하지만 우리는 책상 앞에서 생각하는 것에 익숙하다. 회의실에서 아이디어를 주고받는 것을 당연하게 여긴다. 이제껏 그렇게 일해왔기 때문에 습관이 되어버린 것이다. 하지만 혁신적 '연결'과 융합 비즈니스가 폭발하고 있는 기하급수의 시대에 대담한 아이디어를 내고 실행해나가기 위해서는 이전의 방법에 미련을 가져서는 안 된다. 조금 불편한 옷이라도 일단 머리부터 넣고 봐야 한다. 그 과정을 빠르고 유연하게 이어나가 우리 몸에 꼭 맞는 옷으로 만들기 위해서 우리는 공간의 힘을 이용할 필요가 있다.

100억 원의 가치가 있는 비즈니스 아이디어가 쏟아져 나오고, 구성원 간 유대 형성을 돕는 스몰토크가 가능한 공간은 어떤 곳일까? 그런 공간에서 가장 우선적으로 고려되어야 할 요소는 통합 라운지일 것이다. 스마트오피스에서 통합 라운지는 단순한 라운지의 기능을 넘어선다. 이곳은 일반적인 공용 공간이 아니라 사람들이 '만나는 장소'이다.

통합 라운지는 사용자의 의도에 따라 수많은 역할을 수행하며 조직 구성원들이 서로 만나서 동화되어 소통하고, 협업, 혁신할 수 있는 공간이어야 한다. 통합 라운지는 업무는 물론 회의, 카페테리아, 각종 모임 등을 진행할 수 있는 통합적 공간으로 존재해야 하는 것이다. 따라서 각 공간별 '만남'의 성격을 분석하고 그에 맞게 공간을 구획한 후 동선을 디자인해야 한다. 경우에 따라서는 의도적으로 서로 부딪힐 수밖에 없는 환경을 만들어야 한다. 예컨대 인간 생존에 가장 필수적인 것은 무엇일까? 바로 '물'이다. 그렇다면 사무실 여기저기에 물을 공급하는 원천은 어디일까? '정수기'다. 정수기는 단지 시원한 물로 갈증을 해소해주는 것이 아니다. 정수기는 직장에서 사교 활동의 구심점 역할을 한다. 《구글은 빅데이터를 어떻게 활용했는가》의 한 장인 '정수기를 어디에 둘까'의 내용을 잠시 살펴보자.

직원들은 정수기 앞에서 그동안 뜸했던 동료를 우연히 만나기도 하고, 다른 동료에 대한 험담을 늘어놓기도 하며, 어젯밤에 있었던 스포츠 경기에 대해 이야기를 나누기도 한다. 이렇듯 직원들은 사무실 책상이나 회의실에서는 엄두도 못 낼 대화를 정수기 주변에서 나눈다. (중략) 그러나 안타깝게도 대부분의 회사가 정수기를 찬밥 취급한다. 정수기는 예비 전원 설비가 있는 한쪽 구석으로 밀려나 있기 십상이고, 고위 경영진은 정수기 위치에 일절 관심을 두지 않는다. 그래서 회사는 흔히 정수기를 직원들 간의 교류가 많은 곳에 설치하기보다는 그냥 자투리 공간에 설치한다. 이런 기업의 관행은 광범위한 문제가 있음을 보여준다. 기업들은 업무의 실질적 측면에는 거의 신경을 쓰지 않는 반면, 조직도를 만들거나 IT 시스템을 구축하거나 조직 전략을 수립하는 데는 몇 년씩 투자한다. 이런 경향은 세계적인 대기업이라면 어느 곳이나 마찬가지다. 기업이 구조적인 측면에 공을 들이는 것이 어쩌면 당연한 일인지도 모른다. 하지만 기업은 사내 의사소통과 협력 시스템에도 관심을 기울일 필요가 있다.

— 벤 웨이버, 《구글은 빅데이터를 어떻게 활용했는가》, 북카라반, 2015

이처럼 간과하기 쉬운 아주 작은 공간조차 구성원들의 교류에 큰 요소로 작용할 수 있다. 사무실 공간의 크고 작은 요소들은 모두 소통의 시작점이 될 수 있다. 다양하게 구성된 이 접점들은 부담과 위압감을 덜고 기분 좋고 자유로운 에너지가 흐를 수 있게 도움을 준다. 이전보다 업무 환경이 복잡해지고, 직무가 다양해지면서 조직 및 개인 간 소통의 중요성은 점점 높아지고 있다. 다양한 프로젝트를 효율적으로 추진하기 위해서는 여러 부서의 구성원 간 긴밀한 협업이 필요하다. 때문에 오피스 공간 또한 이러한 요구를 반영하여 디자인되어야 한다.

아무도 자유롭지 않은
자율좌석제

기하급수의 시대, 기업 생존의 요건으로 조직문화 혁신의 중요성이 대두되면서 자주 접할 수 있는 기사 헤드라인이 있다. '○○ 기업, 전 좌석 자율좌석제 도입해……업무 생산성 증대 기대', '○○은행, 자율좌석 등 스마트워크 도입……일하는 방식의 혁신', 이렇게 많은 기업이 조직문화 혁신을 선전포고하며 자율좌석제를 상징적으로 도입하곤 한다. 그런데 도입했다는 곳은 많지만 생산성이 큰 폭으로 상승하고 직원 만족도가 높다는 후속 기사는 찾아보기 힘들다. 겉모습은 그럴듯한 찐빵인데 속에 팥이 들어 있지 않은 격이다. 속된 말로 '까보면 아무것도 없는' 것이다.

이러한 일들이 일어나는 이유는 기업들이 자율좌석제에 대해 단순하게 접근하고 있기 때문이다. 칸막이를 낮추고, 팀장 중심의 책상 배열을 수평적 배치로 바꾸고, 개인 로커를 설치하고 좌석 예약 키오스크를 설치한다고 자율좌석제가 자연스럽게 도입되는 것이 아니다. 이것은 자율좌석제 도입의 물리적 조건일 뿐 완성이 아니다. 무엇이 자율좌석제를 단순히 '혁신 전시용'으로 머물게 하는 걸까? 그 이유는 조직문화에서 찾을 수 있다.

스마트오피스와 일문화 혁신에 대한 관심이 높아지면서 여러 기업으로부터 컨설팅 제안을 받았다. 그중에는 스마트오피스를 도입했음에도 공간 진단을 요청한 기업도 있었는데, 두 눈으로 확인한 공간의 활용도는 처참한 수준이었다. 공간은 자신을 채우는 사람들의 영향을 받아 마치 유기체처럼 지속적으로 성장해야 한다. 하지만 그 기업의 공간은 곳곳이 시들고 있었다. 사람들 또한 공간을 불편해하는 듯 보였다. 한 직원이 캐주얼 미팅이 가능한 열린 공간에서 이어폰을 끼고 집중 업무를 하는 모습이 보였다. 사무실 한편에 쾌적하게 마련되어 있는 집중 업무 공간이 텅텅 비어 있었는데도 그곳에서 고군분투하는 모습이 의아해 그 직원이 캔틴에 온 틈을 타 조심스럽게 물었다.

"저기서 일하시기 힘들지 않나요?"

"집중하기 어렵긴 하죠."

"저기(집중 업무 공간)에 자리가 있는데 저곳도 불편하신 건가요?"

"계속 저기서 일하기 눈치가 보여서요."

또 다른 기업은 거점 오피스의 개념을 도입해 직원들이 원하는 공간에서 일할 수 있도록 내부 지침을 내렸지만 거점 오피스에서 일하는 직원들의 수가 적어 내게 자문을 구했다. 그 기업의 시스템을 들여다보니 어디서든 자유롭게 일하라는 회사 지침과는 반하는 부서와 팀별 세부 지침이 수두룩했다. 다른 근무지에서 일하기 위해서는 연차를 낼 때처럼 양식에 맞춰 결재를 받아야 한다거나 이용 횟수를 제한한다는 것이다. 지침에 담기지 않은 '눈치 보기'는 또 얼마나 치열할지, 조직 구성원들의 스트레스가 어떨지 알 수 있었다. 관리자들은 눈치 주고 압박하기 바쁘고, 실무자들은 눈치 보기 바쁜 자율좌석제라면 도입하지 않는 것이 낫다. 그날 자신의 컨디션, 업무 형태에 따라 자유롭게 자리를 선택하여 업무 효율성을 높이고 직원들 간 소통을 극대화한다는 원래 취지의 발끝에도 닿지 못함은 물론 오히려 효율성을 저하시키고, 조직원들에게 스트레스를 안겨주어 분위기가 경직될 뿐이다.

진정한 혁신을 위한 자율좌석제는 어떻게 도입해야 하는가?

이처럼 자율좌석제를 잘못 도입하는 사례가 하루가 다르게 늘어나고 있다. 하지만 그렇다고 '우리는 도입하지 않겠다'는 태도를 취하기는 어려운 것이 지금의 상황이다. 많은 기업들이 '조직문화 혁신'을 내세우며 급하게 자율좌석제를 도입하는 것은 그만한 이유가 있기 때문이다. 일하는 방법에 대한 조직문화를 혁신하지 않고 예전 방식을 고수한다면 기하급수의 시대에 살아남지 못한다. 이를 알아차린 기업의 CEO들은 절박한 심정으로 일단 자율좌석제를 도입하는 것이다. 하지만 아무런 준비가 되지 않은 조직에 혁신적인 조직문화와 일하는 방식을 도입하는 것은 원시인에게 컴퓨터를 쥐어주는 격이다. 사용하는 직원들도 당황스럽고 공간과 시간, 감정이 낭비된다.

그렇다면 어떻게 해야 자율좌석제가 제 기능을 할 수 있을까? 심리학을 바탕으로 여러 세부 지침을 세워볼 수 있다. 또한 기술을 이용해 빈틈을 메울 수도 있을 것이다. 하지만 무엇보다 중요한 것은 기업의 조직문화와 특성, 그리고 나아가고자 하는 방향성을 담아내는 공간을 구축하는 것이다. 회사는 영화관이나 미술관처럼 서로를 모르는 불특정 다수가 모이는 공간이 아니다. 그 모임은 한 달에 스무 번이나 일어난다. 회사는 특정한 사람들이 반복적으로 모이는 공간이다. 그리고 그들은 개인으로서만 존재하는 것이 아니라 조직의 일원으로 기능한다. 공동의 미션과 비전, 철학을 가지고 일하며 문화를 만들어낸다. 어떤 조직이냐에 따라 자율좌석제라는 문화를 받아들이는 정도와 모양새가 다르다는 것이다. 어떤 조직은 특별한 노력 없이도 자연스럽게 자율좌석제를 활용하고 시너지를 높일 수 있는 반면 다른 조직은 처참한 결과를 맞이하게 될지도 모른다.

영화 〈미나리〉에서 윤여정이 연기한 '순자'는 미국으로 이민을 간 딸 가족에게 도움을 주기 위해 한국을 떠나 낯선 미국의 허허벌

판 시골 마을로 거처를 옮긴 할머니다. 순자는 손자 데이빗으로부터 '할머니는 진짜 할머니 같지 않아요'라는 말을 자주 듣는다. 쿠키도 만들지 못하고, 청소를 비롯한 다른 집안일에도 소질이 없는 인물이다. 하지만 순자가 하는 말에는 뼈가 있고 그가 살아온 세월에서 우러나온 지혜가 배어 있다. 순자와 데이빗이 숲속에 심어둔 미나리를 돌보러 간 장면에서 순자는 미나리 근처로 다가오는 뱀을 내쫓는 손자 데이빗에게 "눈에 보이는 게 낫다. 눈에 보이지 않는 게 더 무서운 법이다"라고 말한다.

이 말을 조직문화를 바라보는 방식에도 대입해볼 수 있다. 조직문화는 어느 쪽일까? 보이는 것일까, 보이지 않는 것일까? 수많은 기업의 공간을 답사하면서 '공간 프로파일러'가 된 것 같다는 말을 농담처럼 건네곤 한다. 하지만 이 우스갯소리에는 뼈가 있다. 기업의 공간을 보면 조직문화가 눈에 보인다. 조직문화는 눈으로 볼 수 있고 측정할 수 있으므로 분석하고 혁신할 수 있다. 하지만 이러한 조직문화를 모두 다 볼 수 있는 것은 아니다. 또한 데이빗이 뱀을 내쫓듯 눈 가리고 아웅 하는 식의 기업도 분명 있을 것이다. 하지만 우리는 이제 보아야 한다. 그래야 제대로 혁신할 수 있다.

자율좌석제는 조직문화를 직시한다면 섬세하게 전략을 세울 수 있는 가능성이 무궁무진하다. 스마트오피스 상담을 하는 기업에게 종종 공간을 바꾸는 것일 뿐인데 왜 조직이나 기업문화에 대한 분석과 컨설팅이 필요하냐는 질문을 받곤 한다. 스마트오피스는 단순히 공간을 바꾸는 것이 아니라 전략을 세우는 일이다. 10배,

100배 기업으로 성장하기 위한, 즉 기하급수의 시대에 생존하기 위해서는 피할 수 없는 혁신의 첫걸음이다. 그렇다면 첫 단추부터 제대로 꿰어야 하지 않겠는가.

자율좌석제를 도입하기로 했다면 우선 적용 범위를 한정해야 한다. 지금까지 지정좌석제에 익숙했던 직원들이 한 번에 자율좌석제에 적응하기는 쉽지 않다. 오히려 혼란을 일으킬 수 있다. 따라서 순차적인 전환을 목표로 하는 것이 좋다. 자율좌석제 도입 초기에는 지정좌석제를 함께 활용해서 직원들의 혼란을 최소화하고, 업무 환경에 맞는 적당한 범위를 결정해야 한다. 특히 개인이 일하는 공간의 좌석 수와 위치는 업무 효율에 영향을 줄 수 있으므로 신중하게 결정해야 한다. 앞서 지속적으로 강조했듯이 무조건적으로 자율좌석제를 도입하면 혼란을 야기할 수 있다. 조직문화를 분석해서 그에 맞추되 우리가 가지고 있는 것에서 한 폭 정도를 더 상상할 수 있는 변화 가이드라인을 세워야 한다. 그럴 때 자율좌석제가 혁신의 디딤돌로 제 역할을 하면서 조직 구성원들이 그 장점을 충분히 누리며 즐겁게 일할 수 있는 도구(전략)가 될 것이다.

당신이 아마추어라도
프로가 있는 곳에서 일하라

프로들이 모인 공간에는 '다른' 에너지가 흐른다

학창 시절 시험공부를 하기 위해, 또는 취업 준비를 위해 도서관을 찾은 적이 있을 것이다. 나는 지금도 강연이나 프로젝트에 필요한 자료를 찾기 위해 도서관을 이용한다. 일반인의 출입을 허용하는 대학 도서관 열람실에서는 각종 시험을 준비하는 사람들의 모습을 어렵지 않게 볼 수 있다. 일부 사람들은 일종의 '기운'을 받기 위해 유수한 대학의 도서관을 일부러 찾아가기도 한다.

도서관은 공공장소이다. 타인에게 피해를 주지 않아야 한다는 원칙을 지키기 위해 크고 작은 불편을 감수해야 한다. 발표 연습을 위해 목소리를 내는 것도 안 되고, 자료들을 한눈에 보려고 옆 사람 자리까지 침범해 늘어놓아서도 안 된다. 기침, 방귀 등 생리 현상도 남에게 피해가 가지 않는 수준에서 처리해야 한다. 또한 책상의 높이가 자신의 몸에 맞지 않을 수도 있고 의자가 딱딱해서 불편할 수도 있다. 온도, 습도, 책상, 의자 등 모든 환경을 자신에게 꼭 맞출 수 있고, 목소리를 내는 것이나 생리 현상도 자유롭게 처리할 수 있는 집을 두고 우리는 왜 불편한 환경을 찾는 걸까? 그 이유는 특정 공간이 가지는 '에너지' 때문이다.

인간의 성격, 행동양식, 정신력 등은 얼핏 생각하면 고정되어 있다고 여겨지지만 자세히 들여다보면 매우 유동적인 성격을 가지고 있다. 이 3가지가 언제나 변한다는 뜻은 아니다. 우리에게는 잘 변하지 않는 고유한 성격, 행동양식, 정신력이 있지만 각각의 스펙트럼 반경이 매우 넓기 때문에 환경에 따라 적절하게 자신을 표현하고 정신 활동을 한다는 것이다. 어떤 일을 수행할 때 환경에 따라 방향성과 효율, 결과의 질이 달라지는 것도 그 때문이다. 특히 우리는 공간적 환경에 많은 영향을 받는다. 그래서 공간이 가지는 에너지와 직접적으로 상호작용하며 시너지를 내기도 하고 타격을 입기도 한다.

공간의 에너지는 물리적 특성에 의해 조성되기도 하지만 그곳을 채우고 있는 사람들에 의해 형성되기도 한다. '시험 준비를 하고 있다면 서울대학교 도서관에 가라'는 말도 아무런 근거 없는 미신이 아니다. 공부의 '프로'들이 모인 공간은 그들이 내뿜는 에너지로 가득 차고, 그런 분위기 속에서 더 쉽게 집중하고 무의식적으로 그들의 행동양식을 익히면서 더 효율적으로 공부할 수 있다. 어떤 분야에서 실력을 쌓길 원한다면 당신이 아마추어라도 프로가 있는 곳, 즉 프로들의 에너지로 가득 찬 공간에서 배우고 일하는 것이 하나의 방법이다.

몰입의 에너지가 흐르는 곳에서 일하라

그렇다면 프로들이 뿜어내는 에너지란 무엇일까? 그들이 만들어내는 에너지 중 공간과 가장 크게 공명하며 다른 사람들에게 많은 영향을 끼치는 것은 바로 '몰입의 에너지'다. 몰입은 사람이 어떤 활동에 깊이 빠져 있을 때 느끼는 의식 상태를 말한다. 긍정심리학의 선두주자인 미하이 칙센트미하이 교수는 '인간은 언제 가장 행복할까?'라는 질문의 답으로 '몰입'을 꼽았다. 그는 어떤 행위에 진정으로 빠져들어 '무아'의 지경에 이르는 고도의 집중 상태를 몰입으로 보았으며, 그러한 과정을 통해 자신의 잠재력과 마주하고 행복도 얻을 수 있다고 주장했다.

일상에서도 몰입이 주는 행복은 상당하다. 삼매경에 빠져 무언가를 이루어내면 뿌듯함을 느끼는 것은 물론 몰입의 과정에서도 즐거움을 느낄 수 있다. 이러한 몰입은 업무를 할 때도 큰 역할을 한다. 몰입은 창의적이고 고차원적인 작업을 할 때 더욱 필수적인 정신 상태이다. 이러한 몰입을 잘 활용하는 것이 스마트피플의 특징 중 하나이다. 그들은 무섭게 몰입하여 놀라운 아이디어와 효율성이라는 두 마리 토끼를 모두 잡는다. 몰입은 일을 할 때 목표에 도달하기 위한 가장 효과적인 도구이며 자신의 능력을 최대한 발휘하는 순간이다. 몰입의 가치를 알아본 많은 CEO들이 몰입 경영을 도입하고 있다. 몰입 경영은 '몰입을 하면서 행복을 얻을 수 있다'는 생각에 기초하여 직원이 몰입할 수 있는 환경을 조성하는 것이 핵심이다. 그렇다면 구성원들이 몰입하기 위해서는 어떻게 해야 할까?

사람은 공간적 환경과 상호작용하며 큰 영향을 주고받는다. 따라서 업무 공간을 몰입의 에너지가 가득 흐르는 스마트오피스로 혁신해야 한다. 그러한 공간 조성을 위해 '물리적 환경'과 그곳을 채우는 '사람들'이라는 2가지 몰입 환경을 모두 확보할 필요가 있다. 몰입도를 높일 수 있는 공간을 연출하기 위해서는 먼저 업무 공간에서는 '개인적 몰입'과 '집단적 몰입' 2가지 방식으로 일어난다는 것을 이해해야 한다. 업무에 따라 적절한 소음과 소통이 필요한 몰입이 있는가 하면, 같은 공간에 있지만 그야말로 '진공 상태'의 환경을 필요로 하는 몰입이 있다. 2가지 몰입의 비율을 각 기업의 상황에 맞게 적절히 배분하여 가이드라인을 잡은 후 구획, 동선, 라운지, 업무 공간, 회의 및 미팅룸 등의 공간 디자인에 적용하는 것이 중요하다.

몰입을 키워드로 두고 디자인된 공간과 그렇지 않은 공간의 몰입 정도는 분명히 다를 것이다. 이와 동시에 스마트피플이 마음껏 일하고 머물고 싶어 하는 공간을 조성해야 한다. 스마트피플을 끌어당기는 스마트오피스 디자인 키워드인 '동화를 기반으로 한 협업의 공간', '다양한 방식으로 일할 수 있는 공간', 'IT 기술을 활용한 리모트워크 환경 조성' 등의 요소들을 기반으로 스마트오피스를 구축하여 5%의 인재를 확보해야 한다. 2가지 환경이 모두 확보되었을 때 스마트피플이 내뿜는 몰입의 에너지에 모두 동화되어 하드워커들의 행동양식과 정신 활동 방식도 바뀌면서 몰입이 마르지 않는 역동적이며 단단한 스마트오피스 공간이 조성될 수 있다.

로봇(AI), 빅데이터, AR, VR, XR, 메타버스······ 매일같이 새로운 기술과 솔루션이 쏟아지는 시대다. 기본소득이 논의되며 '인간노동의 종말'을 이야기하고 있지만, 결국 본질은 사람에 있다. 사람의 신체적, 물리적 조건들은 기계나 컴퓨터에 뒤처질지 모르지만 정신 활동만큼은 여전히 과학적으로 분석할 수 없을 만큼 무궁무진하다. 기하급수 시대를 이끌어갈 가장 강력한 무기는 결국 사람이다. 그런 사람의 가능성과 에너지를 최대한 끌어낼 수 있는 몰입은 앞으로 더욱 중요한 가치를 가지게 될 것이다. 당신의 조직이 개개인의 몰입을 넘어서 집단몰입의 경지에 올랐을 때 얻는 에너지는 값을 매길 수 없는 가치를 지닌다. 숨 가쁘게 발전하는 혼란한 혁신의 시대에 가파른 계단을 두세 칸씩 거뜬히 뛰어오를 수 있게 해줄 든든한 집단몰입의 에너지를 하루빨리 당신의 것으로 만들기를 바란다.

서울 우리 집에서
매일 뉴욕으로 출근합니다

메타버스는 더 이상 SF 영화 속 이야기가 아니다

최근 글로벌 회사로 이직한 A씨의 아침 풍경은 180도 달라졌다. 이전 직장을 다닐 때 A씨의 출퇴근 시간은 왕복 3시간이었다. 광역버스를 타고 서울에 도착한 다음 소위 지옥철이라고 불리는 지하철에 겨우 올라타서도 수십 분을 더 처음 보는 사람들과 자리 다툼을 해가며 서 있어야 했다. 그렇게 겨우 사무실에 출근하면 30분은 모니터를 멍하니 쳐다보고 있어야 업무를 시작할 수 있는 정신으로 돌아온다. 퇴근길도 다르지 않았다. 사무실을 나서는 발걸음은 가볍고 빨랐지만 잠시 후 버스 정류장 풍경을 마주하면 A씨는 절로 발걸음이 무거워지곤 했다. 길게 늘어선 줄, 차 소리, 말소리, 노랫소리, 게다가 새치기를 하거나 거칠게 사람들을 밀고 다니는 사람들까지. 그런 스트레스들을 차곡차곡 쌓으며 돌아온 집에서 A씨는 마치 여행을 다녀온 듯한 피곤함에 곧장 쓰러져 잠들었다가 느지막이 일어나 야식을 먹기 일쑤였다. 직장에서의 성과나 일의 즐거움과는 별개로 A씨는 자신의 삶이 무너지고 있다는 생각을 했다.

당장 주거지를 옮기기 힘들었던 A씨는 자신의 업무, 기업문화, 동료들과의 관계가 좋았음에도 불구하고 이직을 준비하기 시작했다. A씨가 이직한 글로벌 기업 P사는 리모트워크를 기반으로 한 일문화가 조성되어 있다. A씨는 한국 지사에 지원했지만 몇 차례 인터뷰한 후 채용 담당자로부터 본사에서 일하지 않겠냐는 제안을 받았다. A씨는 좋은 기회라는 생각이 들었지만 해외로 주거지를 옮기는 것이 부담스러워 난색을 표했다. A씨의 걱정을 눈치챈 담당자는 P사의 모든 직원은 리모트워크로 일하고 있으며 뉴욕의 본사로 출근하라는 말이 아니라고 덧붙였다. 그렇게 A씨는 P사에 입사했고, 아침마다 지옥철을 타는 대신 조깅을 하고 들어와 인터넷에 접속해 뉴욕 본사 메타버스 오피스로 출근한다.

누군가는 SF 소설 속 이야기를 옮겨 온 것이 아니냐며 황당해할지도 모른다. 하지만 글로벌 기업 P사뿐 아니라 국내 유수의 기업 또한 이와 유사한 방식의 스마트워크를 시도하고 있다. 대표적으로 부동산 정보 서비스 기업 직방은 서울 강남역 GT타워와 사무실 계약을 연장하지 않고, 전 직원 메타버스 오피스 출근을 추진하고 있다. 직방의 임직원들은 메타버스 오피스 시스템인 '개더타운'

을 통해 일하고 있다. 프로그램에 접속하여 로그인하면 자신의 아바타와 가상 사무실이 생성된다. 동료들의 아바타와 컨택트하여 업무를 진행하고 화상회의 또한 편리하게 이용할 수 있다.

네이버 라인(라인플러스)은 메타버스 기반 리모트워크 시스템인 '하이브리드 워크 1.0' 제도를 1년간 시범 시행한 후 일본, 태국, 대만 등 해외에 있는 라인 임직원 약 8700명을 대상으로 확대할 것이라는 포부를 밝혔다. 한편 기업들의 메타버스에 대한 관심이 증가하면서 메타버스 오피스 시장을 선점하기 위한 경쟁도 치열해지고 있다. 페이스북은 지난해 내놓은 가상현실(VR) 기기 오큘러스 퀘스트2에 가상 오피스 앱인 스페이셜을 내보였다. 이것은 VR 기기를 쓰면 본인 얼굴과 똑같은 3차원(3D) 아바타가 나의 행동을 그대로 복제하여 활동하는 기술이다. 마이크로소프트도 증강현실(AR) 업무 협업 플랫폼인 메시를 출시했다. 코로나19가 앞당긴 미래 속에서 기업의 다양한 상상력을 발동할 수 있게 되었고 기술 또한 그 상상을 현실로 만들 수 있는 방향으로 혁신하고 있다. 빠르게 혁신하고 있는 메타버스 오피스 환경에 적응하고 새로운 기술의 이점들을 흡수해 기업 성장에 박차를 가해야 한다. 그렇다면 우리 기업이 메타버스 오피스를 도입했을 때 얻을 수 있는 구체적인 이점은 무엇일까?

메타버스 : 인재 전쟁의 가장 확실한 무기,
리모트워크 엔진, 오피스 공간의 무궁한 확장

가장 큰 이점은 스마트피플 영입에서 큰 경쟁력을 가진다는 것이다. 이전까지 더 높은 연봉을 제시하는 기업이 경쟁력을 가졌다면 지금은 근무 환경과 일문화, 조직문화가 중요하게 대두되어 경쟁이 더욱 치열하고 복잡해졌다. 자율성, 공정성, 성장 가능성 등에 큰 가치를 두는 스마트피플에게 리모트워크는 기존 사무실 근무 방식과 대비되는 매력적인 근무 환경이다. 리모트워크는 근무자가 자율적으로 일할 공간과 일하는 시간을 정하여 생산성을 극대화할 수 있다. 또한 정보들이 투명하게 공유되는 환경에서 가볍고 효율적인 의사소통이 이루어진다는 점에서 협업에 필요한 조건들을 충족한다. 더불어 조직원들이 본사와 가까운 곳에 거주할 필요가 없기에 먼 지역이나 해외에 살고 있는 인재들을 고용할 수 있다. 인재 채용 풀의 범위 자체가 달라지는 것이다.

하지만 소속감과 소통 문제로 인해 많은 기업들이 리모트워크 도입을 망설이고 있다. 이때 메타버스가 실마리가 될 수 있다. 메타버스 기반의 리모트워크는 기존 리모트워크에서 많은 기업들이 문제점으로 지적했던 '소속감'과 '소통' 문제를 해결할 수 있다. 기존 리모트워크는 줌, 구글미트, 팀즈(TEAMS) 등의 화상 미팅 프로그램을 기반으로 소통이 이루어졌다. 화상 미팅 기반의 소통은 약속을 잡고 회의를 진행해야 한다는 점에서 스몰토크나 캐주얼 미팅을 하기 어렵다. 약속을 잡는 순간 '회의'라는 인식이 생기면서 긴장이 유발되기 때문이다. 또한 화면이 사라지는 동시에 '연결'도 끝난다는 점이 조직원들의 고립감을 유발할 가능성이 있다.

메타버스 오피스를 활용할 경우 하나의 가상공간 안에 있는 캐릭터들을 활용하여 간단한 채팅과 화상 대화가 가능하며, 회의가 끝난 후에도 각자의 아바타가 같은 공간에 머물기 때문에 '연결되어 있다는' 감각을 유지할 수 있다. '함께 있다'는 일상적인 감각은 조직에 대한 소속감, 소통, 업무 몰입 등의 요소들 또한 일정 수준 이상으로 유지시킨다는 점에서 리모트워크에서 반드시 확보해야 하는 요소이다. 메타버스는 그러한 감각을 매우 직관적이고 쉬운 방법으로 유지시켜줄 것이다.

다음으로 메타버스 오피스가 가지는 이점은 임대료를 절감하고 절약한 비용을 더욱 생산적인 곳에 사용할 수 있다는 것이다. 메타버스 오피스는 단순히 현실의 오피스 공간을 가상으로 옮겨 오는 것이 아니라, 오피스 공간을 가상현실의 세계로 확장하는 것이다. 이전까지 현실의 공간만을 사용했다면 메타버스 오피스를 통해 가상의 공간을 업무 공간으로 활용할 수 있다. 점차 많은 조직원들이 메타버스 오피스를 기반으로 일하게 된다면 현실세계의 오피스 공간은 그만큼 줄어들 것이다. 따라서 오피스 공간을 유지하는 데 들어가는 임대료, 관리비, 인테리어 비용 등을 절감할 수 있다. 그렇게 절약한 비용을 스마트피플 영입, 기술 개발, 조직원들의 복지 향상 등에 투자한다면 기업의 성장 가능성이 커질 것이다.

마지막으로 메타버스 오피스는 조직원들의 워라밸에 크게 기여한다. 앞선 A씨의 이야기처럼 출퇴근길 스트레스는 현대인들에게 아주 흔하다. 메타버스 오피스는 이러한 스트레스를 줄이는 것이 아니라 아예 제거할 수 있다. 또한 사람들과 직접 대면하는 데서 오는 불필요한 스트레스들을 줄여주고, 높은 효율과 줄어든 출퇴근 시간으로 여유 시간을 많이 확보할 수 있어서 일과 삶의 균형을 주도적으로 조절할 수 있다. 또한 기존 업무 방식이라면 상상하기 힘든 '고향 내려가서 한 달 일하기', '휴양지에서 한 달 일하기' 등이 가능하게 됨으로써 조직원들의 행복에 크게 기여할 것이다.

　　이러한 이점들을 가진 메타버스 오피스를 단순히 낯설다는 이유로 관심조차 두지 않는 기업들이 많다. 하지만 기하급수의 시대에는 낯선 것들에 정답과 길이 숨겨져 있다. 가상공간도 실제 공간과 다르지 않은 '우리의 공간'으로 인식하고 스마트오피스를 도입하는 단계에서 함께 고려할 필요가 있다. 우리 모두는 유연하고 열린 마음으로 혁신하는 세상과 발걸음을 맞출 필요가 있다.

생산성을 10배 높이는
공간의 9가지 키워드

지난 10여 년 동안 다양한 기업의 오피스 공간을 디자인하고 구축해왔다. 익숙해질 법도 한 시간이지만 아직도 프로젝트를 시작할 때마다 새로운 기분과 마음가짐이 된다. 각 기업마다 조직문화와 기업문화, 사업의 특성, 조직원들의 성격 등이 다르기 때문이다. 멀리서 보면 '오피스 공간 구축'이라는 큰 묶음이지만 프로젝트마다 분위기, 진행 속도, 프로세스 등 모든 부분에서 차이가 있다는 점이 큰 매력이지만 한편으로는 몹시 까다로운 일이다.

기업도 마찬가지일 것이다. 공간 실측을 하고, 쾌적하고 멋진 도면을 그리고, 공사를 뚝딱 진행하면 끝일 거라고 생각했는데, 중간중간 협의하고 조사해야 할 무수한 사안들에 곤란한 표정을 짓는 담당자들을 무수히 만나왔다. 하지만 그렇게 많은 사람들의 고민과 노동을 통해 탄생한 공간은 지난 과정에서 있었던 문제들과 난관을 깨끗이 잊게 해줄 만큼의 보람과 감동을 가져다준다. 그렇지만 아무런 기준 없이 그저 열심히 만들기만 한 공간은 아무리 큰 노력과 시간을 들인다 하더라도 만족하기 어렵다. 생산성을 극대화하고 기하급수의 시대를 돌파할 든든한 동력이 되어줄 공간을 구축하기 위해 우리가 놓치지 않아야 할 요소들은 무엇일까?

문화 : 혼란한 시대, 기업을 든든히 받쳐줄 뿌리

빠르게 변하는 시대에는 혼란이 꼬리표처럼 따라붙기 마련이다. 혼란이 무서운 이유는 판단력을 흐리기 때문이다. 널찍한 길을 걷는다면 몇 번의 헛디딤과 넘어지는 일이 큰 문제가 되지 않겠지만 우리가 지금 걷고 있는 길은 절벽 끝에 난 좁은 길이다. 단 한 번의 잘못된 판단도 큰 파장을 일으킬 수 있다. 또한 우리에게 충분히 고려하고 결정을 내릴 시간이 주어지는 것도 아니다. 이런 시기일수록 우리 기업의 철학, 가치, 미션, 비전 그리고 일하는 방법을 더욱 탄탄히 다지고 조직 구성원들과 공유할 필요가 있다. 이러한 기업문화는 조직 구성원들의 의사 결정에 도움을 줄 뿐 아니라 리모트워크 환경에서 구성원들 간의 유대감 조성과 원활한 소통에 큰 역할을 할 것이다.

어떠한 문명이든 그 시작점에는 '공간'이 있었다. 기업문화도 마찬가지다. 아무리 멋지고 훌륭한 가치들과 비전이 있다 하더라도

움틀 수 있는 공간 없이는 문화가 꽃피기는 힘들다. 그러한 점에서 앞으로 본사의 역할은 더욱더 중요할 것이다. 본사는 조직 구성원들이 마음 편히 소속감과 유대를 나누는 공간이자 공동 목표를 공유하며, 기업의 뿌리를 다지고 끊임없이 성장하는 살아 있는 공간으로 기능할 수 있어야 한다.

몰입 : 기업의 생산성을 결정짓는 가장 강력한 지표, 몰입이 가능한가?

조직 구성원들의 생산성이 곧 기업의 생산성이다. 사람의 생산성은 몰입에 빠질 때 극대화된다. 기업의 공간 또한 몰입을 일으킬 수 있어야 한다. '몰입'이라는 단어를 떠올렸을 때 어떤 공간이 연상되는가? 책상이 빼곡하게 들어찬 독서실을 떠올렸을지도 모르겠다. 서로를 모르는 불특정 다수가 모여 공부하는 독서실은 아주 기초적이고 평균적인 몰입의 공간이다. 하지만 기업의 공간은 특정한 조직 구성원들이 모여 함께 협업하여 목표를 이루어가는 공간이다. 따라서 개인의 몰입과 집단몰입, 업무에 따른 몰입 종류 등을 섬세하게 구분하고 그에 맞는 몰입 환경을 디자인해야 한다. 스마트오피스를 구축할 때는 우리 기업의 특성과 조직 구성원들의 몰입 패턴을 분석한 후, 구성원들의 생각하는 힘과 몰입을 최대한 이끌어낼 수 있는 공간을 디자인하는 것이 핵심이다.

창의성 : 가장 정확하고 빠른 길을 찾는 힘

보통 창의적인 사람을 이야기할 때 '엉뚱하다', '4차원이다'라고 표현한다. 하지만 이것은 오해다. 창의적인 사람은 단지 남들이 생각하지 못하는 것들을 생각하는 사람이 아니라 문제의 핵심을 간파하고 최적의 관점에서 문제를 해결하는 사람이다. 문제의 핵심을 알아차리지 못했거나 가장 좋은 방향성을 깨닫지 못한 사람들에게는 창의적인 사람들의 이야기가 낯설게 느껴질 수도 있다. 하지만 결론적으로는 그들이 가장 정확하고 빠른 길을 제시한다는 것을 알게 된다. 기하급수 시대에 기존의 방식으로 사고하고 행동한다면 많은 한계에 부딪힐 수밖에 없다. 무엇보다 창의적인 조직으로 혁신해야 한다. 오피스를 구축할 때도 조직 구성원들이 스트레스 없는 환경에서 창의력을 마음껏 발휘할 수 있는 방향으로 공간을 디자인해야 한다.

로봇(AI) : 새로운 동료를 받아들일 준비가 되어 있는가?

로봇(AI) 기술이 고도화됨에 따라 알게 모르게 우리의 일상 깊숙이 파고들어 있다. 일와 비즈니스 현장에서도 예외가 아니다. 일터에서 로봇(AI)과 빠른 속도로 긴밀한 관계를 맺게 될 것이다. 고객들은 언제나 더욱 좋고 더욱 편리한 것을 원한다. 이러한 상황에서 로봇(AI)이라는 새로운 동료를 고려하지 않는다는 것은 맨몸으로 설산을 등반하려는 것과 마찬가지다. 로봇(AI)과 함께 일하는 조직이 될 수 있도록 공간뿐 아니라 문화적 차원의 준비가 필요하다.

리모트워크 : 인재 경쟁의 시대, 스마트피플을 끌어들이는 가장 확실한 방법

지금은 한 명의 인재가 가지는 잠재력과 파급력이 어느 때보다 중요한 시대이다. 단계적으로 발전해왔던 이전 시대와 달리 세상은 기하급수적 변화를 거듭하고 있기 때문이다. 지금 우리 조직은 기존의 룰을 훌륭하게 지키며 성실히 일하는 '하드워커'보다 틀을 깨는 창의적 사고와 스스로 문제를 찾고 해결하는 '스마트워커'가 절실하다. 그들은 단순히 돈을 좇아서 자신이 일할 곳을 선택하는 것이 아니다. 인재 경쟁이 특히 치열한 IT 업계는 지금 앞다퉈 '문화 만들기'에 열을 올리고 있다. 스마트워커들은 가장 편하게 자신의 역량을 발휘할 수 있는 시간과 공간에서 스마트한 동료들과 일하길 바란다. 그러한 그들의 마음을 잘 읽고 그들을 끌어들일 수 있는 공간과 문화가 필요하다.

가장 대표적인 일문화로 '리모트워크'를 꼽을 수 있다. 리모트워크는 일하는 사람의 자율성을 최대한 끌어낼 수 있고 인재 풀이 넓어진다는 점에서 기업과 조직원 모두에게 이로운 방식이다. 기업은 '리모트워크'를 지원하고 강화하는 것을 중점으로 오피스 공간을 구축해야 한다.

메타버스 : 현실이 된 상상

메타버스는 3차원 가상현실을 뜻하는 말이다. 메타버스는 현실을 가상세계로 복제했다고 할 만큼 현실세계와 유사하다. 사람들은 메타버스 속에서 친구를 사귀고, 놀이를 하며, 경제활동을 하기도 한다. 앞으로 메타버스는 현실을 더욱 닮아가며 현실을 확장하는 역할을 할 것이다. 그 과정에서 우리는 단순히 현실의 범위가 넓어지는 것이 아닌 다른 차원의 경험을 하게 될 것이다.

비즈니스 현장에서도 마찬가지다. 우리는 더 잘 협업하기 위해, 누군가를 더욱 효과적으로 설득하기 위해 메타버스를 더욱 활발하게 활용할 것이다. 메타버스 속에서 멀리 떨어져 있는 동료들과 함께 일할 수 있고, 고객이 우리의 제품과 서비스를 경험하게 함으로써 그들을 더욱 구체적이고 효과적인 방식으로 설득할 수 있다. 기업의 공간을 조성할 때도 어떻게 메타버스로 확장될 수 있을지 고려해야 한다.

청정 환경 : 디테일이 결과를 좌우한다

우리나라는 사계절이 뚜렷하다. 이것은 계절마다 온도, 습도, 바람의 흐름 등 환경이 다르다는 것이다. 우리는 각 계절에 잘 적응하며 살아가지만 적응하는 데는 적지 않은 에너지가 쓰인다. 환절기마다 앓는 사람이나 특정 계절에 기력이 떨어지는 사람들을 보면 알 수 있다. 뿐만 아니라 인간은 이산화탄소 농도, 미세먼지, 빛 등의 환경에도 영향을 받는다. 이러한 요소들은 인간의 생산성을 결정짓는 집중력, 창의성, 기분, 신체 상태 등에 직접적인 영향을 끼친다. 따라서 기업의 업무 공간을 조성할 때 세부적인 것들을 고려해야 한다.

스트레스 관리 : 조직 구성원들의 생산성을 결정짓는 가장 기본적인 요소

스트레스가 만병의 근원이라는 것을 모르는 사람은 없을 것이다. 스트레스는 인간의 사고 능력과 신체에 직접적인 영향을 끼친다. 건강한 정신과 신체가 바탕이 될 때 사람들은 자신의 역량을 최대한 끌어내 생산적으로 일할 수 있다. 스트레스 관리는 조직 구성원들의 생산성을 결정짓는 가장 기본적인 요소다. 오피스 공간을 디자인할 때 조직 구성원들의 스트레스를 유발할 수 있는 요소들을 최소화하고 쌓인 스트레스를 풀고 회복할 수 있는 요소들을 포함해야 한다. 예를 들어 복잡한 동선, 적절하지 않은 업무 공간은 조직 구성원들에게 스트레스를 줄 수 있으므로 효율적인 동선과 각 팀의 업무 성격에 맞는 공간을 디자인하는 것이다. 또한 동료들과 이야기를 나누며 스트레스를 풀 수 있는 휴게 공간, 쌓인 피로를 풀 수 있는 수면실, 안마의자를 갖춘 공간도 고려하면 좋다.

행복 : 직원의 행복이 곧 회사의 경쟁력이다

국내외 대부분의 기업들이 직원의 행복을 위한 복지제도를 다양한 방식으로 기획하고 실행하고 있다. 직원의 행복이 곧 회사의 경쟁력이라는 말이 있다. 기업의 복지제도를 포함해 근무제도의 만족도가 올라가면 조직 구성원들은 신나게 일하고 창의적인 사고와 역량을 발휘할 수 있다. '즐거운 기업문화'가 업무 생산성과도 밀접한 연관이 있기 때문이다. 사내 행사나 자율적인 분위기 유도, 다양한 복지제도와 유연근무제도 시행, 직급 구분 없이 자유롭게 참여하는 분위기가 만들어짐으로써 자연스럽게 상하 간의 벽이 허물어진다. 수평적인 관계가 자유로운 의사소통으로 이어져 업무 만족도와 효율성이 동시에 높아지는 계기가 조성될 수 있다. 오피스 공간 또한 단순히 일하는 공간이라는 생각에서 벗어나 '직원들이 행복할 수 있는 공간'이라는 측면에서 접근할 필요가 있다.

이상의 9가지 공간 키워드는 조직의 생산성을 극대화하기 위해 고려해야 할 최소한의 가이드라인을 보편적인 관점에서 풀어낸 것이다. 실제로 기업의 공간을 기획할 때는 해당 기업의 고유한 요소들을 파악한 후 9가지 키워드를 보강, 발전시켜 적용해야 한다.

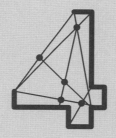

CHAPTER

로봇(AI)과 함께 일하는
조직문화를 구축하라

새로운 종의 기업이 출현하고 있다,
당신 기업은 어느 종인가?

《볼드(BOLD)》의 저자 피터 디아만디스와 스티븐 코틀러는 지구의 대규모 폭발과 함께 포유류 최대 강자였던 공룡이 멸종하고, 그 자리를 인간이 차지했다고 설명한다. 이 이야기가 왜 지금 우리에게 중요할까? 저자들은 다음과 같이 말한다.

이 거대한 충격과 급격한 변화, 그리고 눈부신 부활의 이야기는 그 어느 때보다 지금 우리에게 시사하는 바가 크다. 특히 당신이 비즈니스 세계에 몸담고 있다면 말이다. 왜냐하면 지금 이 순간 우리가 사는 세상에는 또 다른 소행성이 덮쳐오고 있기 때문이다. 덩치 크고 굼뜬 종들은 멸종시키고, 빠르고 기민한 자들에게는 어마어마한 기회의

문을 열어줄 그 소행성의 이름은 바로 '기하급수 기술'이다.
— 피터 디아만디스·스티븐 코틀러, 《볼드(BOLD)》, 비즈니스북스, 2016

그들은 백악기 시대를 예시로 들며 지금 우리가 살고 있는 세상에 대한 아주 중요한 통찰을 이야기한다. 지금 이 시대는 '기하급수 기술'을 중심으로 움직이고 있다. 기하급수 기술이란 주기적으로 그 능력이 2배가 되는 것을 말한다. 엄청난 성장 속도와 잠재력을 가진 기술이다.

그렇다면 우리는 무엇을 어떻게 해야 할까? 답은 간단하다. 우리 기업이 새로운 시대에 살아남아 우세한 종이 될 수 있을지 스스로 질문을 해야 한다. 이에 대한 대답이 긍정적이지 않다면 혁신이 필요하다. 종을 바꾼다는 것은 쉽지 않은 일이다. 일하는 방식부터 기업문화, 동료에 대한 인식 틀, 비즈니스 범위 등 기업의 정체성을 이루는 굵직한 요소들을 바꿔야 하기 때문이다. 우리는 어떤 방향으로 혁신을 시작해야 할까?

파괴적 혁신에 적응하라

가까운 미래에 비즈니스가 이루어지는 양상은 완전히 달라질 것이다. 새로운 형태의 연합 기업이 출범할 것이고, 내부 혁신만을 추구하던 기업들은 기업 간 네트워크에서 발생하는 혁신의 가능성을 발견하고 적극적으로 '연결되어 협업할' 동료 기업을 찾을 것이다. 이전 시대에는 작은 기업들이 큰 기업의 인적 자원과 기술력을 따라잡기 힘들었다. 하지만 지금은 1인 기업, 소수 인원으로 구성된 기업도 문제 해결력을 가지고 있다면 막강한 힘을 발휘할 수 있다. 기존 원청과 하청 개념에서 벗어나 각 기업은 동등한 위치에서 유기적으로 협업하여 새로운 가치를 만들어나가게 될 것이다. 이러한 변화는 주요 산업의 패러다임을 바꿀 것이며 참신한 아이디어를 바탕으로 관련 기술을 융합해 어떠한 프로젝트라도 실현시킬 수 있는 기업으로 도약하는 데 박차를 가할 것이다.

예를 들어 스마트빌딩 구축 프로젝트를 실행한다고 해보자. 일반적인 빌딩을 건축하는 프로젝트라면 기존의 방식대로 건설사 중심의 진행이 가능할 것이다. 반면 스마트빌딩 구축에는 첨단 건축 기술, 친환경 설계, 빌딩 자산 가치 보존, 공간 효율 최적화, 내부 공간 디자인, 스마트에너지 시스템, 공기청정 시스템, 에너지 절감 시스템, 자동화 시스템 등 다양한 전문 분야의 기술이 필요하다. 고도화된 기술들을 하나의 기업이 보유하긴 어렵다. 각기 다른 사업 분야의 전문가와 기업들이 협업하여 시너지를 내며 프로젝트를 진행해야 한다. 우리는 이러한 혁신적인 '일하는 방식'에 빠르게 익숙해져야 하며 그 안에서 새로운 가치들을 만들어가는 방법을 찾아야 한다.

또한 동료에 대한 인식을 바꿀 필요가 있다. 앞으로는 로봇(AI) 또한 단순한 객체나 도구가 아닌 동료로서 인식할 필요가 있다. 최근 신한라이프 광고 모델로 대중들에게 얼굴을 비춘 로지는 버추얼 인플루언서(Virtual Influencer, 가상 유명인)이다. 사람들은 로지가 가상세계에만 존재하는 인물이라는 것을 알지만 마치 우리와 같은 현실세계에 발을 딛고 살아가고 있는 것처럼 팬을 자처한다. 2020년에 데뷔한 SM의 아이돌 그룹 에스파(AESPA)는 현실의 아이돌 멤버와 가상세계의 아바타가 공존한다는 세계관을 바탕으로 활동하고 있다. 에스파는 현실의 멤버 4인과 가상 AI 멤버 4인으로 구성된 8인조 그룹이다.

로봇의 경우도 마찬가지다. 인간이 할 수 없는 일을 로봇이 하거나 인간이 지루함이나 싫증을 느끼는 활동 또한 로봇의 몫이 될 수 있다. 어쩌면 머지않아 로봇(AI)으로만 이루어진 회사들이 우후죽순으로 생겨나고 상장하게 될지도 모른다. 그럴 때 당신의 기업은 어떻게 할 것인가? 적극적으로 새로운 존재들과 협업하여 새로운 가치들을 만들어낼 것인가, 아니면 기존의 좁은 경쟁터에서 싸움을 계속할 것인가? 전자와 같은 미래를 꿈꾼다면 지금부터 로봇(AI)과 함께 일하는 조직문화와 일터를 구축해야 할 것이다.

우리 앞에는 파괴적으로 느껴질 정도로 낯선 방식의 비즈니스, 완전히 새로운 존재인 로봇(AI) 동료들이 닥쳐오고 있다. 어느 한쪽이라도 받아들이지 못한다면 대멸종의 시대에 살아남는 종이 되기 어렵다. 새로운 시대를 선도하고 기하급수의 시대에 올라타기 위해서는 일하는 공간은 물론 일하는 방식, 기업문화, 비즈니스 프레임 등 우리 기업의 정체성을 이루던 많은 요소들을 혁신할 필요가 있다. 이러한 혁신은 뼈를 깎고 살을 도려내는 듯한 두려움과 혼란을 가져다줄지도 모른다. 그러나 우리 기업의 '내일'을 그리기 위해서는 반드시 살아남을 수 있는 '종'의 DNA로 바꿔나가야 한다.

내가 놀 때나 잠잘 때도
누군가 일해준다면

로봇(AI)은 왜 두려움의 대상이 되었나?

영화 〈아이, 로봇〉은 로봇들이 '인간을 다치게 해서는 안 된다'는 원칙(1. 로봇은 인간을 다치게 해서는 안 되며, 행동하지 않음으로써 인간이 다치도록 방관해서도 안 된다. 2. 법칙 1에 위배되지 않는 한 로봇은 인간의 명령에 복종해야 한다. 3. 법칙 1, 2에 위배되지 않는 한 로봇은 스스로를 보호해야 한다)을 바탕으로 만들어졌지만, 그 원칙을 새로운 방식으로 해석해 인간을 공격한다는 이야기다. 이것은 많은 공상과학 영화와 소설에서 볼 수 있고 있다. 로봇(AI)을 공포적이고 저지해야 할 존재로 다루고 있다. 그 세계에서 로봇들은 우월한 기능과 힘으로 사람들을 지배하고, AI는 월등한 정보처리 능력으로 인간들이 구축한 시스템이나 사회를 파괴하고 혼란을 일으킨다. 우리는 그런 이야기들에 몰입하여 재미를 느끼면서도 한편으로는 로봇(AI)에 대한 두려움과 반감을 쌓아왔다.

영화에서 그리는 로봇(AI)과 지금 우리 곁에 있는 로봇(AI)의 모습이나 활용 방식이 크게 다름에도 불구하고 말이다. 그래서일까? 우리는 지금 일상에 스며들어 있는 로봇(AI)의 존재를 잘 알아차리지 못한다. 그들은 이미 교통, 서비스, 의료, 보안, 엔터테인먼트 산업 분야에서 우리와 공존하고 있다. 그들은 우리의 음성을 인식하여 필요한 정보를 주고, 우리의 건강 데이터를 관리하며, 은행과 식당에서 우리에게 서비스를 제공한다. 또한 일터에서 보조적인 일부터 주요 의사 결정과 관련된 데이터를 분석하는 일까지 수행하고 있다. 애플, 구글, 카카오, 네이버, 마이크로소프트, 우아한형제들과 같은 테크 기업들은 로봇(AI) 분야에 막대한 자원을 투자하여 로봇(AI)과 우리의 접점을 더욱 확장하고 있다.

오토바이나 차량이 들어오기 힘든 외진 산속에서 산림욕을 하는 도중에 우리는 갑자기 프랜차이즈 카페의 커피를 마시고 싶어질 수도 있을 것이다. 기존의 방식으로는 커피를 마시기 어렵겠지만 우아한형제들에서 개발에 힘쓰고 있는 자율주행 배달로봇 딜리(Dilly)가 상용화된다면 어려운 일이 아니다. 딜리는 위치 추적 센서, 장애물 감지 센서 등을 탑재해 실내외에서 자유롭게 활동할 수 있는 배달 로봇이다. 딜리는 배달원이 가지 못하는 곳, 가기를 꺼리는 곳도 문제없이 갈 수 있으며 빠른 배송으로 더욱 신선한 음식을 맛볼 수 있다. 우아한형제들은 딜리를 음식 배달에만 한정하지 않고 고객이 필요로 하는 모든 물품으로 확장해 배달 시간과 비용은 줄이고 편의는 키우겠다는 포부를 밝혔다.

네이버 또한 사람의 음성을 텍스트로 변환하는 클로바 스피치 (CLOVA Speech) 음성 인식, 고품질의 목소리를 구현하고 텍스트 정보를 읽어주는 클로바 보이스(CLOVA Voice) 음성 합성, 사진 속에서 텍스트 정보를 찾고 의미를 판별하는 클로바 OCR(CLOVA OCR) 광학 문자 판독 등 AI 기술을 바탕으로 기업과 개인을 위한 다양한 솔루션을 제공하겠다는 계획을 밝혔다. 이처럼 우리는 이미 로봇 (AI)과 함께 일상을 보내고 있으며 기술이 발전할수록 그들은 우리에게 더 많은 편의를 제공하고 일상에 더욱 깊숙이 스며들 것이다.

발전의 방향은 언제나 인간의 편의에 초점이 맞춰져 있다. 따라서 영화 속 로봇을 생각하며 새로운 패러다임을 두려할 필요 없다. 물론 로봇(AI) 기술이 발전하면서 악용될 위험도 커질 것이고 여러 가지 딜레마에 맞닥뜨리겠지만 우리에게 더욱 나은 일상을 선물해 줄 것임은 이미 검증된 사실이다. 앞서 언급한 문제들은 이제까지 그래 왔듯이 우리의 집단지성이 해결의 실마리를 찾아낼 것이다.

로봇(AI)과 협업하는 방법은 무엇인가?

일터에서도 로봇(AI)은 점차 큰 존재감을 가지게 될 것이다. 일터에서 로봇(AI)의 역할은 크게 3가지로 나눌 수 있다. 첫째, 그들

은 우리가 놀 때나 잠잘 때도 일을 한다. 우리가 해야 할 일들을 그들에게 맡길 수 있는 것이다. 이때 우리가 맡기게 될 영역은 일의 양이 방대하면서 '논리적이고 구조적'으로 처리할 수 있는 영역일 것이다. (권재원, 《인공지능 시대 사람에게 무엇을 가르쳐야 할까?》, 우리교육, 2021) 로직을 활용한 반복적인 수행을 요구하는 영역은 사람들이 가장 괴로워하는 분야이면서 로봇(AI)이 사람보다 더 잘해낼 수 있는 분야이다. 인간의 몸은 어떤 동작을 반복하면 피부, 골격 등에 변형이 온다. 사고 또한 질적인 발전 없이 횟수만 반복한다면 그에 맞춰 생각의 영역이 한정되어 생각하는 힘이 줄어든다.

이러한 영역의 일들을 로봇(AI)에게 맡기고 우리는 창의력과 도전 정신을 필요로 하는 일에 더 큰 에너지를 쏟을 수 있다. 반복적이고 단순한 업무에 에너지를 다 써버려 정작 폭발적인 창의성이 필요한 일을 시작하려 했을 때는 아무 생각이 나지 않고 머릿속이 백짓장이 되어버린다. 이런 경험을 해보았다면 하루빨리 로봇(AI)과 일하고 싶을 것이다.

둘째, 로봇(AI)은 우리의 컨디션과 업무 공간을 관리하는 역할을 한다. 우리가 일일이 신경 써야 했던 건강 상태, 기분, 동료의 스케줄, 공기의 질, 습도 등을 그들이 관리해줄 것이다. 움직임과 활동을 기록하는 스마트폰 앱과 소셜네트워크가 결합해 정신 건강과 육체 건강을 유지할 수 있는 여러 가지 조언을 해준다. 그리고 마감 기한, 조직 구성원들의 스케줄과 컨디션, 임무 등의 데이터를 종합적으로 분석해 계획을 짜줄 것이다. 공기청정 시스템, IoT 기술을 통해 업무 환경 또한 최적의 상태로 유지해줄 것이다.

셋째, 로봇(AI)은 인간의 두뇌로 단시간에 처리할 수 없는 방대한 데이터를 처리한다. 그들이 분석한 풍부한 데이터를 바탕으로 우리는 더욱 정확하고 뛰어난 아이디어를 구현할 수 있는 것이다.

그렇다면 로봇(AI)과 함께 일하기 위해 우리는 무엇을 준비해야 할까? 그 기술력들을 유치할 수 있는 자본만 확보하면 되는 것일까? 다음 기사 내용을 함께 살펴보자.

> 빅데이터란 그저 분석팀만 만들어놓는다고 저절로 돈 벌어다주는 화수분이 아니다. 콤플렉스한 세상에서는 빠른 정보 공유와 그에 상응하는 의사 결정 능력이 조직 전반에 걸쳐 필요하며, 구식 상하 관계가 그 흐름을 끊어서는 안 된다. 심지어는 상명하복의 대명사인 군대도 자진해서 체질 개선을 하는 시대다. 빅데이터는 기술적 과제일 뿐 아니라 조직문화의 변화도 요구하고 있다.
>
> ― 유혁, "빅데이터에는 상명하복이 통하지 않는다", 〈중앙일보〉, 2020. 8. 3.

로봇(AI)이 우리에게 선물해준 노동력과 데이터가 빛을 발하기 위해서는 빠른 판단과 실행력이 뒷받침되어야 한다. 새로운 정보와 로봇(AI)을 통해 얻은 데이터는 임원진보다는 실무진에게 먼저 다가오기 마련이다. 이 시대에 새롭게 발굴되는 데이터들은 초 단위로 그 가치가 떨어진다. 따라서 데이터와 정보를 도출한 후 빠르게 판단하여 업무에 적용하는 것이 중요하다. 상하 관계가 분명하고 보고 체계가 늘어진 조직에서는 실무진의 판단이 빠르게 실행되기 어렵다. 실무진들이 바로 일을 추진할 수 있는 수평적이고 유연한 조직으로 나아갈 필요가 있다. 오피스 공간 또한 그러한 조직문화를 움트게 하고, 담아내며, 강화할 수 있는 방식으로 구축되어야 한다.

일방적 소통과 수직적 업무 지시 형태에 용이했던 기존의 팀장 중심의 책상 배열에서 벗어나 양방향 소통이 가능하고, 개개인의 의견을 존중하는 분위기를 유도할 수 있는 수평적 책상 배열로 업무 공간을 개선하는 것이 시작점이 될 수 있다. 한 걸음 나아가 서열에 따라 널찍하고 전망 좋은 공간을 배정하던 임원실 관습에서 탈피하여 임원들의 방 크기를 축소하고 필요에 따라 문과 벽을 제거해 개방적인 공간으로 만들 수도 있다. 이것이 어렵다면 비어 있는 임원실을 회의실이나 접견실로 활용하는 방안도 고려해볼 수 있다.

수평적이고 서로 연결되어 있으며 다양성이 확보된 공간에서 구성원들이 상호작용하며 더욱 발전할 수 있다. 이러한 조직문화와 공간을 가진 기업만이 로봇(AI) 기술의 이점들을 두루 누리며 'IT, 데이터 전쟁'을 치르는 이 시대에 우위를 차지할 것이다. 그러한 기업들은 한 걸음 나아가 로봇(AI)을 동료로 받아들이는 새로운 패러다임을 가질 수 있다.

로봇(AI) 장례식
서비스 사업은 어떨까요?

로봇(AI)은 '살아 있는' 존재인가?

로봇 윤리 분야의 선도적인 전문가인 케이트 달링은 테드(TED) 강연에서 '인간과 로봇 간의 감정적 연결'에 대한 자신의 의견을 전했다. 그는 10년 전 공룡 장난감에 대한 경험을 시작으로 로봇 윤리에 깊은 관심을 가지게 되었다고 한다. 그 공룡 장난감은 모터, 터치 센서, 수평 센서 등의 기술이 접목되어 외부 자극에 다양한 반응을 보이는 로봇이었다. 예를 들어 그 로봇은 거꾸로 들었을 때 괴로운 듯 몸부림치며 울음소리를 냈다. 케이트 달링은 울부짖는 로봇의 모습을 처음에는 기술적인 관점에서 흥미롭게 받아들였지만 이내 불편한 감정을 느꼈다고 했다. 그는 그 감정에 대해 탐구하다 자신과 유사한 사례들을 접하게 되었고, 공룡 로봇에 대한 자신의 감정 변화가 매우 보편적이라는 사실을 깨달았다.

2007년 미군은 지뢰를 제거하는 로봇 실험을 진행했다. 다리가 여러 개 달린 벌레처럼 생긴 로봇이 지뢰밭을 걸어다니며 지뢰를 밟을 때마다 다리를 하나씩 잃는 것이었다. 실험의 책임자였던 대령은 '부서진 로봇이 지뢰밭에서 자신의 몸체를 질질 끌고 가는 모습을 보는 것이 너무 비인간적이다'는 이유로 실험을 중단했다. 케이트 달링은 전문적으로 훈련된 자신과 장교들마저 로봇에게 위와 같은 감정적인 반응을 하는 이유로 '인간의 본능적인 특성'을 꼽았다. 인간은 자율적으로 움직이고 반응하는 존재에게 생명력을 느끼도록 진화해왔다고 한다. 우리는 움직이는 장난감이 실제로 생명이 있는 것이 아니고 그저 건전지로 돌아간다는 것을 알면서도 그들이 살아 있는 것처럼 고통과 감정을 느낀다고 여긴다. 사람들은 지뢰 제거 로봇에 이름을 붙이고 예포를 터트리며 장례까지 치러주었다고 한다.

SF 작품에 수여되는 유수의 상을 석권한 작가 테드 창의 소설 《소프트웨어 객체의 생애 주기》에는 '디지언트'라는 디지털 유기체가 등장한다. 디지언트는 소프트웨어 업체의 상품으로, 학습 능력을 가지고 있어 고객이 직접 가르칠 수 있는 '인공지능'이다. 모든 것이 알고리즘으로 정해져 있는 것이 아니라 마치 살아 있는 생명체처럼 누구의 손에 길러지냐에 따라 다르게 성장할 수 있는 존재이다. 주인공인 사육사 애나는 디지언트를 생산하는 업체로부터 가상의 애완동물 조련사가 되지 않겠냐는 제안을 받고 그들을 훈련하는 일을 시작한다. 애나는 살아 있는 동물을 관리하는 것과 디지언트들을 관리하는 것은 전혀 다른 일이라고 예상했지만, 어떤 존재의 성장을 목격할 때의 '환희', 누군가와 이별할 때의 '슬픔', 그리고 어떤 존재를 통제할 수 없음에서 오는 '절망' 등의 감정들을 고루 느낀다. 애나는 그들을 살아 있는 존재로 여기게 된 것이다. 나 또한 소설을 읽으며 그 디지언트들이 정말로 살아 있다고 느꼈다.

로봇(AI)은 우리의 동료, 친구, 가족이 될 수 있을까?

로봇(AI) 기술은 시간이 지날수록 더욱 정교해질 것이며 그들을 받아들이는 우리의 마음 또한 달라질 것이다. 우리는 이전부터 로봇을 그저 깡통, AI를 말귀 못 알아듣는 바보로 여기면서도 무의식적으로는 생명을 가진 존재로 여겨왔다. 앞으로 그들은 이전과는 차원이 다른 더욱 '살아 있는 존재'로 우리에게 다가올 것이다. 그들은 곧 공장과 연구실을 벗어나 우리의 직장과 가정 등 일상 깊숙이 들어와 우리의 동료, 친구, 가족의 역할을 하게 될 것이다. 이러한 가설이 잘 와 닿지 않는다면 동물과 인간의 관계에서 힌트를 얻을 수 있다.

수천 년 전부터 인간은 동물을 노동, 무기, 식용, 반려용으로 이용해왔다. 우리는 그들을 도구로 대해왔지만 일부는 반려동물로서 친구이자 가족의 역할을 채워주고 있다. 몇 년 전만 해도 사람들이 실소를 터트렸던 반려동물 장례식이 이제는 상용화되어 '반려동물 전문 장례 지도사' 과정까지 생겨났으며 장례 서비스도 탄탄해지고 있다. 이처럼 로봇(AI) 또한 더욱 고도화되어 인간의 곁을 채울 것이다. '로봇(AI) 장례식 서비스'가 활성화될 시대가 머지 않은 것이다.

로봇(AI)은 일상의 많은 장면들 중에서도 특히 우리의 '일터'에 빠르고 깊숙하게 자리 잡을 것이다. 그들은 인간의 두뇌로 수천 시간이 걸리는 데이터 분류 및 분석을 단 몇 초 만에 끝낼 것이고, 우리가 먹고, 자고, 쉬는 시간에도 일할 것이다. 또한 우리의 신체적, 심리적 컨디션과 스케줄을 효율적으로 관리하여 부차적인 스트레스를 줄여주고 더 효율적인 방식으로 일하도록 지원할 것이다. 이처럼 로봇(AI)과 함께 일하고 그들과 잘 어울릴 수 있도록 지금부터 우리의 공간과 조직문화, 일하는 문화를 점검하고 변화를 위한 환경을 구축할 필요가 있다. 우리의 조직이 로봇(AI)과 시너지를 내며 일하기 위해서 어떤 대비를 해야 할까?

로봇(AI)과 함께 일하는 조직 만들기

로봇(AI)과 함께 일하는 조직문화 구축을 위해서는 업무 공간과 일하는 문화, 조직문화 등 기업의 본질적인 성격부터 물리적 공간까지 전방위적인 혁신이 필요하다. 먼저 로봇(AI)과 원활하게 일하기 위해 탄탄하고 효율적인 업무 시스템을 구축할 필요가 있다. 로봇(AI)은 실행의 기반이 되는 알고리즘을 가지고 있다. 이 알고리즘은 매우 논리적이며 효율성을 추구한다. 조직의 일하는 방식이 주먹구구식이고 체계가 잡혀 있지 않다면 로봇(AI)을 업무 일선에 투입하기 어렵다. 그들이 가진 정확성, 신속성, 논리성의 가치를 제대로 활용할 수 없는 것이다.

또한 로봇(AI)과 함께 일하기 위해서는 조직 구성원들의 평균적인 공감 능력을 끌어올릴 필요가 있다. 로봇(AI)이 감정을 느끼는 것도 아닌데 왜 공감 능력을 키워야 하는지 의문을 표하는 사람도 있을 것이다. 모두가 그렇게 생각하듯 로봇(AI)은 '지금은' 살아 있는 존재가 아니다. 그들의 건강과 마음을 신경 써야 할 의무도 없다. 하지만 주목해야 할 점은 우리가 그들을 마치 '살아 있는 존재'로 여긴다는 것이다. 우리는 그들에게 애착을 느낄 수도 있고, 반감을 가질 수도 있다.

로봇(AI)은 사람들의 감정과 행동에 영향을 줄 수 있다. 이것은 우리가 살아 있는 존재를 대할 때의 감정이나 행동과도 깊은 관련이 있다. 예를 들어 로봇(AI)이 감정을 느끼지 않는다는 이유로 폭언을 하거나 하대를 한다면 실제로 감정을 느끼고 살아 있는 '인간 동료'에게도 그렇게 행동할 가능성이 크다는 것이다. 또한 로봇(AI)이 감정을 학습하게 될 머지않은 미래를 대비하기 위해서라도 공감 능력이 풍부한 조직으로 혁신할 필요가 있다.

마지막으로 우리는 열린 마음을 가져야 한다. 우리의 일터와 동료의 개념은 앞으로 더욱 확장될 것이다. 그 확장되는 개념은 선택할 수 있는 것이 아니다. 그것을 받아들이지 않으면 도태되고 말 것이다. 그 낯설지만 혁신적인 변화를 누구보다 앞서 받아들일 수 있는 열린 조직으로 거듭나야 한다.

세계는 넓고 할 일은 많다,
스마트워커들의 네트워크 컬래버

당신은 어떤 패러다임 속에서 살고 있는가?

지금 하고 있는 일이 레드오션 영역이고, 별다른 대안 없이 시장에서 경쟁력을 갖추기 위해 안간힘을 쓰며 절망하고 있는가? 아니면 세계는 넓고 할 일은 많다는 생각으로 시장을 바라보며 희망에 차 있는가? 지금 하고 있는 일에 대한 근본적인 관점은 4차 산업혁명을 바라보는 전혀 다른 2가지 시각이다. 어째서 같은 시대를 살면서 2가지 관점이 존재하고, 그 차이가 어떻게 미래를 크게 바꾸는지 알아보자.

4차산업을 기존의 1차, 2차, 3차 산업과 같은 패러다임으로 생각하는 부류는 여전히 무한경쟁 시장을 믿는다. 세계는 넓고 할 일은 많다는 생각은 산업화 초기에나 하던 추억의 메아리로 지금의 시대에는 가능성이 없는 일이라고 생각한다. 현시대를 다른 패러다임으로 접근하는 희망에 찬 부류는 마음 깊은 곳에서 에너지가 솟아오른다. 그들은 기존의 산업이 우리가 예측 가능했던 포물선을 그리며 성장했다면, 4차산업은 무한한 가능성을 지닌 예측하기 어려운 기하급수적 성장을 하는 시대라고 말한다. 이들은 4차산업의 숨겨진 가능성을 보았고, 산업화 시대 어느 기업가의 자서전 제목이기도 한 '세계는 넓고 할 일은 많다'는 말처럼 새로운 비즈니스 기회가 무수히 많다고 생각한다. '아는 만큼 보인다'는 격언이 4차산업을 기반으로 한 기하급수의 시대에도 적용된다. 시대를 보는 안목이 커지면 세계는 넓고 수많은 비즈니스 기회가 널려 있다는 것이다.

기존 산업과 4차산업의 차이점을 몇 가지 살펴보자. 첫째, 기존 산업 초창기에는 기계설비의 자동화와 대량생산을 기반으로 막대한 부를 축적했다. 둘째, 각 분야의 전문가가 사회의 기득권을 가졌다. 전문가란 그 분야에서 특출한 지식과 정보를 가진 사람들을 뜻한다. 기존 산업은 전문가들마저 대량생산 시스템을 적용했다. 예를 들면 '건축사'라는 직업이 있다. 산업화 초기 도시의 근대화로 거대한 빌딩숲이 세워지면서 건축사는 제법 각광받는 직업으로 사회적 지위와 부를 가져갔다. 해당 분야를 전공한 학생들은 건축사 자격증을 취득하기 위해 많은 시간과 노력을 들였다. 그렇게 해서 국가는 1년에 1000~2000명 정도의 건축사를 배출했다. 그렇게 10년, 20년, 30년이 지난 지금은 건축사 자격증을 취득한다고 사회적 지위와 부가 보장되지 않는다. 오히려 장롱 면허가 되었다.

지금은 살아남기 위해 레드오션에서 치열한 경쟁을 해야 한다. 심지어 AI 건축 디자인을 준비하는 기업도 있다. 건축사뿐 아니라 우리 주위에는 전문가 집단의 이런 현상을 무수히 찾을 수 있다. 의사 면허는 부와 명예의 대명사였다. 예를 들어 도시의 건물마다 치과 전문 병원 간판이 눈에 띈다. 개원하기 위해 인테리어를 의뢰하는 원장님들의 하소연을 들어보면 성공하는 병원보다 폐업하는 병원이 더 많은 실정이다. 심지어 3D프린팅의 개발로 한때는 유망 직종이었던 전문대학교의 치과기공사 학과도 사라졌다. 이는 사회 전반적으로 일어나고 있는 현상이다. 법률 전문가인 변호사도 마찬가지다. 기존 산업의 전문가 영역이 레드오션이 되는 것은 시작에 불과하다.

끓는 솥 안의 개구리가 되지 않기 위해서는

4차산업으로 인한 사회 경제 프레임의 변화는 훨씬 빠르게 진행되고 있다. 솥 안의 개구리처럼 따뜻했던 물은 더 빠르게 끓기 시작했다. 4차산업 기술을 응용한 플랫폼 사업은 시작에 불과하다. 법률 전문가 플랫폼 '로톡'의 사회적 이슈는 전조에 지나지 않는다. 법정에서 판사가 아니라 'AI 법률 전문가 로봇'에 의해 판결을 받는 시대를 맞이하고 있다. 산업화 시대 농촌의 인구가 근대화의 물결에 따라 도시로 몰려들어 새로운 문화를 만들어냈듯이 이제 우리는 새로운 시대를 맞이할 준비를 해야 한다.

새로운 여명의 시대가 시작되고 있다. 솥 안에서 튀어나와 새로운 숲으로 가야 한다. 아는 만큼 보인다는 격언이 지금처럼 맞는 시대도 없을 것이다. 로봇(AI)과 함께 일할 수 있는 기업문화는 스마트오피스 레볼루션에서 시작된다. 끓는 솥 안에서 튀어나오는 첫 번째 과정으로서 스마트워크를 위한 스마트오피스 구축을 기업문화를 혁신하여 4차산업으로 가는 경쟁력의 첫 관문이라는 관점으로 보면 스마트오피스 레볼루션의 진정한 가치가 보일 것이다.

우리의 인식이 깊어질수록 우리의 관점은 상대적으로 넓어지고, 더불어 미래를 보는 안목이 높아진다. 그때 우리는 아는 만큼 보인다고 말할 수 있다. 새로운 관점으로 보면 4차산업을 기반으로 하는 기하급수 시대의 가장 큰 키워드는 초연결, 초융합, 초지능이다. 이 3가지 키워드마저 서로 연결되는 비즈니스 모델을 상상하면 기하급수 시대 성장의 비밀을 알 수 있다. 미래의 비즈니스는 연결이라는 네트워크의 힘을 이해한 스마트워커들이 네트워크 컬래버를 통해 구축한 연합기업의 시대가 펼쳐질 것이다. 이제는 혼자만 잘하면 된다는 전문가 패러다임으로는 나아갈 수 없다. 서로 다른 분야의 전문가들이 함께 컬래버해야 하는 초연결의 시대다. 자기 기업의 노하우에 도취되어 머뭇거리는 순간 다른 기업은 서로 연합하여 새로운 비즈니스 모델을 만들어내고 있다. 애플이 자동차 시장을 다른 관점에서 바라보며 현대자동차와 컬래버를 제의한 것은 아주 작은 시작에 불과하다.

패러다임이 바뀌었다. 기존의 관점을 내려놓아야 새로운 것이 보인다. 그러면 기하급수 시대의 비즈니스 세계는 넓고 할 일은 많다. 스마트오피스 레볼루션은 기존의 기업 경영 패러다임으로 접근해서는 안 된다. 로봇(AI)과 함께 컬래버하고 전혀 다른 분야의 기업과도 컬래버할 수 있는 기업문화로 혁신해야 스마트워커들을 수용할 수 있다.

구글, 아마존, 페이스북의
경영 방식은 구식이다

우주에 떠 있는 푸른 유리구슬 같은 아름다운 별 지구에 어느 날 예고 없이 소행성이 충돌하면서 일대의 지각변동이 일어났다. 지구의 지배자였던 공룡은 더 이상 살아남을 수 없었다. 그렇게 공룡의 전성 시대는 막을 내리고 새로운 종들의 세상이 펼쳐졌다. 격변의 시기에 몸집이 작고 민첩한 포유류인 호모사피엔스 시대가 시작되는 전조가 흐르고 있었다. 새로운 세상의 최상위 포식자가 된 호모사피엔스는 인류의 긴 역사를 써 내려갔다.

이제 푸른 별 지구는 또 한 번 거대한 변화의 징후를 보이며 꿈틀거리고 있다. 인류는 유례없는 풍요를 누리는 한편으로 삶의 터전인 푸른 별 지구를 파괴하며 옛 공룡의 전철을 밟을까 두려워하고 있다. 그 선택은 인류에게 달려 있지만 상황은 녹록지 않다. 인류 역사상 이렇게 빠른 성장의 시대는 없었다. 인류는 시장이라는 새로운 경제 시스템을 구축했고 산업혁명을 통해 글로벌 시장은 거대한 공룡 기업의 전유물이 되어갔다. 공룡 기업들의 전쟁에 몸집 작은 중소기업들은 살아남기에 바빴고, 대기업에 기생하여 살아가는 것이 가장 쉬운 선택이었다.

그런데 공교롭게도 4차 산업혁명의 시작과 함께 코로나19라는 소행성이 인류 전체에 충격을 주며 새로운 변화를 예고하고 있다. 몇 가지 큰 사건은 서로 결합하여 새로운 사건을 만든다. 그 변화를 눈치채고 민첩하게 대응하는 부류가 살아남아 기득권을 누린다. 4차 산업혁명과 코로나19라는 2가지 사건이 주는 메시지는 결코 가볍게 넘길 사안이 아니다. 우리는 그 변화 너머를 들여다볼 수 있어야 한다.

공룡 기업들은 왜 민첩한 대응에 실패하는가?

지구에 지각변동을 일으킨 소행성의 충돌처럼 비즈니스에도 수많은 혁신의 지각변동이 일어나고 있다. 예측할 수 없는 변화가 기다리고 있다. 그런 격변의 시대에는 민첩하게 움직이는 종이 살아남을 확률이 높듯이, 급변하는 시장에서도 몸집이 큰 공룡 기업은 민첩하게 대응하기가 쉽지 않다. 대기업의 인력과 정보 수집 능력,

그리고 자금력으로 민첩하게 움직이는 척할 수는 있지만, 실질적으로 시장에서 민첩하게 대응하는 것과는 다른 이야기다. 이런 현상은 시장 곳곳에서 나타나고 있다.

스마트피플인 스마트워커들은 아이디어 하나로 시장의 판을 크게 흔들고 있다. 몸집 큰 공룡 기업이 기하급수적 지각변동에 대응하기 어려운 사례를 들어보자. 스마트오피스 구축 시에 우리는 3가지 영역을 분석하고 계획을 세운다. 첫째, 기업의 스마트워크에 대한 분석, 둘째, 스마트 공간에 대한 분석, 셋째, 스마트 IT 솔루션에 대한 적용이다. 스마트 IT 솔루션은 스마트 공간을 IT로 연결하여 자리 예약부터 회의실 예약 등 공간을 효율적으로 관리하고, 그 데이터로 공간의 사용률 및 스마트워크의 효율성 등의 경영 분석 이정표를 제시하는 것이다.

스마트 IT 솔루션 전문 기업과의 컬래버를 통한 올바른 오피스 공간 구축이 중요하다. 우리가 직원 30여 명의 국내 스마트 IT 솔루션 전문기업인 D사와 협업하던 중 국내에서 인지도가 높은 S기업이 함께 컬래버하자고 MOU 제의를 했다. 시장에서 대기업과 컬래버하는 것이 마케팅 차원에서 인지도를 높일 수 있겠다는 판단하에 MOU를 체결했다. 그리고 마침 시작하던 스마트오피스 구축 건을 함께 진행하기로 했다.

하지만 S기업은 시장과 고객의 니즈에 맞춰 발 빠르게 대응하는 데 한계가 있었다. S기업 스마트 IT 솔루션 담당 팀장이 의사 결정을 내리지 못하는 사안이 발생했던 것이다(늘 격변하는 시대에 예기치 못한 변수가 발생하게 마련이다). 윗선의 승인을 받고 타 부서에 업무 요청을 하는 과정에서 고객에게 미처 대응하지 못함으로써 그 프로젝트를 포기하는 것은 물론 팀 자체가 해체되고 말았다. 의사 결정 구조에서 몸집 큰 공룡 기업의 움직임은 한계가 있다. 민첩하게 움직이는 척하는 것과 실질적으로 민첩하게 대응하는 것은 다르다. 민첩한 종들이 살아남는 시대이다. 이것은 아는 만큼 보이는 새로운 비즈니스 모델의 무수히 많은 기회의 시작이다.

새로운 시대의 주인, 민첩한 조직으로 거듭나기 위한 첫 번째 발걸음

민첩하고 스마트한 기업의 시대가 열리고 있다. 구글, 아마존과 같은 공룡 기업들은 몸집을 줄일 수 없다. 공룡 기업이 가장 강한 시대에서 이제는 다른 형태의 종이 살아남는 시대를 예고하고 있다. 우리는 이런 형태를 '미래형 연합기업'이라고 정의하고, 일하는 조직의 형태를 '네트워크 컬래버'라고 명명한다. 이런 기업의 기본적인 특징이 스마트오피스, 스마트워크를 통해 민첩하게 서로 연합하고 협업하여 새로운 아이디어를 시장에서 발 빠르게 추진하며 문제가 발생하면 곧바로 해결하고 새로운 시장을 만들어나가는 것이다.

스마트오피스는 4차산업의 변화를 이끌어갈 민첩한 종인 스마트워커, 스마트피플의 일터다. 물론 거기에는 메타버스형 스마트오피스도 포함된다. 구글, 아마존을 비롯한 많은 대기업은 서로 경쟁하며 플랫폼을 장악하지만 그 플랫폼을 이용하여 시장에서 실리를 차지하는 종은 결국 민첩한 컬래버의 전문가인 스마트피플이 구축한 연합기업의 몫이 될 것이다. 스마트피플을 끌어모으고 컬래버하게 하는 스마트오피스가 대세이지만 여전히 스마트오피스의 숨겨진 가치를 모르는 사람들이 많다.

구글, 아마존 등 공룡 기업의 경영 방식을 따라 하지 마라. 패러다임이 바뀌고 있다. 구글, 아마존이 예전에는 민첩했는지 모르지만 지금은 아니다. 4차 산업혁명을 기반으로 하는 기하급수의 시대에 코로나19는 2가지 다른 얼굴로 다가오고 있다. 어떤 기업에게는 위기로, 어떤 기업에게는 다시없는 기회로. 우리는 당신이 후자이길 바란다. 올바른 스마트오피스 구축으로 스마트피플이 모여드는 기업문화를 구축하고 새로운 기회의 시대에 합류하길 바란다.

5차 산업혁명을
상상하라

가까운 미래를 구체적으로 상상하고 예측하기 위해서는 현재를 섬세하게 바라볼 필요가 있다. 극히 일부 사람들만 양질의 정보에 접근할 수 있었던 이전과 다르게 지금은 누구나 범람하는 정보에 접근할 수 있다. 정보를 받아들인 사람들은 개인의 성향과 세상을 바라보는 프레임에 따라 각자의 현실을 창조하고, 각자의 세상에 발을 딛고 살아간다. 그러한 각각의 현실이 존재하지만 결국 개별적인 세상에 영향을 미치고 판을 바꾸는 것은 보편적인 하나의 세상이다. 초 단위로 쏟아지는 정보 속에서 그 보편적인 세상이 지금 말하고 있는 것이 무엇인지를 알아내야 한다. 그리고 거기에서 깊은 통찰을 이끌어낼 수 있어야 한다. 우선 세간을 떠들썩하게 만든 사건 몇 가지를 살펴보자. 단편적인 것처럼 보이는 이 사건들의 공통점에서 무언가를 발견할 것이다.

상상을 현실로 만드는 힘

지난 7월 20일 세계 최대 온라인 전자상거래 업체 아마존의 창립자 제프 베이조스는 동승자 3명(남동생 마크, 미국 항공우주국(NASA)의 우주비행사 시험에 통과했지만 여자라는 이유로 우주인에 선발되지 못한 82세의 여성 우주비행사 월리 펑크, 18세의 물리학과 학생 올리버 다먼)과 함께 블루오리진의 뉴세퍼드호를 타고 약 3분가량의 우주여행에 성공했다. 구체적인 대의 없이 '우주여행 실험'을 위해 천문학적인 비용을 들였다는 것과 비행 시 탄소 배출량이 일반 여객기의 60배라는 사실에 비판하는 사람들도 많았지만, 민간 우주여행의 길을 열었다는 점에서 찬사를 받았다.

사람들이 제프 베이조스의 행보에 주목하는 이유는 무엇일까? 단지 그가 세계적으로 성공한 사업가이기 때문만은 아닐 것이다. 인간은 욕망하는 것을 얻을 때 폭발적인 쾌락을 느낀다. 상상을 현실로 만들 때 보상처럼 주어지는 양질의 쾌락이 있다. 우주라는 미지의 공간에 대한 두려움 섞인 확장의 욕망은 우주 진출에 대한 어떠한 가능성이 제기될수록 강해질 것이다. 그렇기 때문에 앞으로 우주 산업에 사람들의 마음이 향하고 기술력과 자본이 응집될 것이다.

더 빠르고 더 정확하게 연결되기

가족이 빠르게 해체되고 1인 가구의 비중이 늘어나고 있다. 사람 간 연결이 희박해지는 방향으로 세상이 바뀌고 있다고 여길지도 모르겠지만, 연결의 성격과 방식이 바뀌었을 뿐 서로에게 연결되고자 하는 마음은 더욱 강해졌다. 특히 코로나19의 영향으로 다른 사람들과 연결될 수 없는 상황에 놓이게 되면서 역설적으로 평소 당연하게 생각했던 연결이 우리에게 얼마나 중요한 일이었는지 깨닫게 되었다. 이동통신 기술의 발전은 이러한 우리의 '연결되고자 하는' 마음을 든든하게 지지해주었다. 전화기부터 휴대폰, 스마트폰, 화상 미팅 프로그램, 그리고 메타버스까지 모두 물리적 한계를 뛰어넘어 우리가 더 빠르고 더 정확하고 더 멀리까지 연결될 수 있도록 도와주는 방향으로 발전되어 왔다. 또한 이러한 기술은 인간과 인간 사이의 연결뿐 아니라 사물과 사물 사이의 연결(IoT)을 촉진했다. 머지않은 미래, 6세대 이동통신(6G)이 상용화된다면 우리는 더 큰 물리적 한계를 극복하여 더욱 많은 존재들과 더욱 양질의 방식으로 연결될 수 있을 것이다.

생존을 위한 진화

수년 전부터 많은 학자들이 경고해왔던 대로 환경 문제는 지구에 사는 생명체들의 생존에 직접적인 영향을 미쳤다. 달라진 점이 있다면 기존의 재난이 비교적 척박한 지역에서 이루어졌다면 지금은 생명체들이 살기 좋다고 여겨지던 세계 곳곳에서 여러 피해들이 발생하고 있다는 것이다. 잦은 산불과 끔찍한 가뭄, 이례적인 홍수 그리고 강력한 전염병의 출현은 모두 환경오염에 의한 것이다. 지금의 피해 또한 심각하지만 장기적으로 보았을 때 이러한 환경의 변화는 사람들의 노동력에 영향을 주어 경제 성장을 늦추고, 무수한 종의 성장 저해 또는 멸종을 일으키면서 생태계에 혼란을 초래하고 식량 부족을 야기할 것이다. 또한 에너지 사용의 증가로 시스템이 마비될 위험이 커지며, 아이들의 정서적, 사회적, 지적 능력에도 영향을 미칠 것이다. 따라서 우리는 생존을 위해 새롭게 진화할 필요가 있다.

민간 우주여행의 시작, 이동통신 기술의 발전, 환경 변화, 3가지 사건은 개별적으로 보이지만 자세히 들여다보면 2가지 공통점을 가지고 있다. 첫째, 모두 인간의 기본적인 욕구들과 맞닿아 있다. 우주여행은 확장하고자 하는 마음, 이동통신 기술의 발전은 연결되고자 하는 마음, 그리고 환경 변화는 생존하고자 하는 마음과 깊이 관련되어 있다. 3가지 사건은 단발적인 관심에서 끝나는 것이 아니라 지속적인 관심으로 자본과 기술을 끌어들일 것이다.

둘째, 모두 로봇(AI) 기술과 긴밀히 관련되어 있다. 이번 우주여행에 베이조스가 올라탄 뉴셰퍼드호는 무인우주선으로 조종사 없이 모든 과정이 자동화로 이루어졌다. 우주 개발 사업에 로봇(AI) 기술이 중요한 이유는 우주라는 공간이 아직까지는 인간이 활동하기에 안전하지 않기 때문이다. 그렇기에 탐사를 위해 로봇을 보내고 무인 로켓을 쏘아올리는 것이다. 이동통신 기술에서도 로봇(AI)의 역할은 적지 않다. 우리가 이동통신 기술을 현재 수준에 만족하지 않고 지속적으로 개발하려고 하는 이유는 더 편리하고 질좋은 연결을 위해서다. 이동통신 기술 자체가 아직 세공하지 않은 광물이라면 그 광물을 반지, 목걸이, 귀걸이 등 우리가 사용할 수 있도록 만드는 것이 바로 AI의 역할이다. 대표적인 것이 자율주행 기술, 원격제어 기술, 인공지능 비서, 메타버스 서비스 등이다.

마지막으로 환경 변화 부분에서 로봇(AI)은 오염으로 인해 산발적으로 발생하는 산불, 홍수, 가뭄, 폭우 등의 재해를 예측하고 대비하며 더욱 나쁜 상황이 되지 않도록 우리가 할 수 있는 일들의 기준을 세우는 것을 도울 것이다. 기후 변화로 인간이 접근할 수 없는 곳들을 탐사하는 데도 로봇 기술이 활용될 것이다. 이처럼 로봇(AI) 기술은 인간의 기본적인 욕구들과 연관된 문제들을 해결하는 가장 정교한 열쇠가 될 것이다. 미래의 산업혁명과 비즈니스는 이를 기반으로 활성화될 것이고, 그 문제들을 해결할 수 있는 역량을 가진 기업만이 살아남을 수 있다. 이를 위해 우리가 가장 먼저 준비해야 할 것은 로봇(AI)과 함께 일하는 방법을 터득하는 것이다. 스마트오피스를 구축할 때도 로봇(AI)과 함께 일하는 공간, 그리고 조직문화를 담아서 디자인해야 한다.

시대의 거대한 파도에
휩쓸리지 않고 그 파도 위를 타자

미처 벗지 못한 마스크 안으로 비지땀이 흐르던 여름, 원고 집필을 시작했다. 그리고 몇 개월이 지난 지금, 부쩍 높아진 가을 하늘을 바라보며 마지막 원고의 운을 떼고 있다. 겨우 한 계절이 흘렀을 뿐인데 많은 것이 바뀌었다는 생각이 든다.

공상 소설의 소재로만 여겨지던 로봇(AI), 메타버스가 우리 일상 더 깊은 곳으로 들어온 지 오래되었고, 우리는 매일 더 새롭고 발전된 방식의 디지털 트랜스포메이션을 목도하고 있다. 이토록 세상이 빠르게 변하는 것은 4차 산업혁명 기반 기하급수 기술들의 역할이 크지만, 코로나19라는 팬데믹이 미래를 앞당긴 것도 큰 요인이 되었다.

더 이상 망설일 시간이 없다. 오래된 비즈니스가 무너지고, 안정적이라 여겼던 그 무엇도 영원하지 않다는 걸 매일 목격하고 있는 지금, 어떤 방향으로든 바뀌어야 한다는 것을 깨닫지 못한 사람은 없을 것이다. 하지만 바뀌어야 함을 아는 사람들 또한 어떤 방향으로 나아가야 하는지를 제대로 알고 있는 사람은 거의 없다. 그렇기 때문에 이 책을 통해 포스트 코로나 시대를 어떻게 돌파해야 할지에 대한 공론의 장을 만들고 싶었다.

1부 '포스트 코로나와 스마트오피스'의 1장 '판이 바뀌는 기하급수의 시대가 열렸다'에서 우리는 코로나19와 4차 산업혁명으로 인해 요동치며 바뀌고 있는 '기하급수의 판'에 대해 알아보고, 우리의 기업은 지금 어떤 판에 서 있으며 살아남기 위해 어떤 판으로 옮겨가야 하는지를 함께 이야기해보았다.

시대에 대한 이해를 바탕으로 2장 '10배 기업을 만드는 스마트오피스 레볼루션'에서는 단순 공간이 아닌 기하급수 시대를 돌파할 전략으로서의 스마트오피스에 대한 새로운 정의와 가치에 대해 논의해보았다. 마지막 3장 '하드워커를 스마트워커로 바꾸는 스마트오피스'에서는 극강의 생산성을 가진, 시대를 주도하고 새로운 판을 짜는 존재인 스마트워커와 그들의 일터이자 놀이터인 스마트오피스에 대해 알아보았다.

2부 '어떻게 스마트오피스를 실현할 것인가?'에서는 스마트오피스를 구축할 때 놓쳐서는 안 될 요소들에 대해 이야기해보았다. 1장 '스마트피플이 모여들게 하라'에서는 몰입 능력과 창의력, 자율성을 기반으로 일하는 스마트피플에 대해 자세히 알아보고 그들을 모여들게 하는 스마트오피스를 어떻게 구축할 수 있을지 논의했다.

2장 '스마트피플의 일문화를 구축하라'에서 우리는 전통적인 기업 문화에서 발생할 수 있는 난점들을 짚어보고 지금, 우리가 시급하게 받아들여야 할 스마트피플의 일문화는 무엇인지 알아보았으며, 3장 '스마트공간을 구축하라'에서는 왜 막대한 자본을 투입한 공간이 자꾸 죽은 공간이 되는지 그 이유를 찾아보았고, 거점 오피스, 메타버스 오피스 등 오피스 공간에 대한 상상력을 발휘해야 하는 이유에 대해서도 나눠보았다.

마지막 4장 '로봇과 AI와 함께 일하는 조직문화를 구축하라'에서는 왜 우리가 기업 내부에 로봇과 AI를 들여 그들과 협업하는 시스템을 만들어야 하는지 다양한 관점으로 접근해보았다.

가능한 선에서 최대한 많은 이야기를 담으려고 했지만, 사실 스마트오피스에 대한 모든 논의를 이 책에 담지는 못했다. 하지만 이 책을 통해 형성된 논의의 장이 더 큰 장을 불러오고, 그 과정을 거친 우리가 시대의 거대한 파도에 휩쓸리지 않고, 그 파도 위를 타고 놀 수 있게 만들어줄 것이라 믿는다.

끝으로 이 책이 세상에 나올 수 있도록 힘써준 라온북 조영석 소장님과 편집팀, 디자인그룹아침 BID팀, 원고 집필에 많은 부분을 도와준 조민경 님 그리고 그간 의견을 나눠준 곁들에게 감사의 인사를 전한다.

북큐레이션 • 산업혁명 시대를 대비하는 이들을 위한 라온북의 책

《스마트오피스 레볼루션》과 함께 읽으면 좋을 책. 기존의 공식이 통하지 않는 급변의 시대, 남보다 한발 앞서 미래를 준비하는 사람이 주인공이 됩니다.

플랫폼과 콘텐츠의 관계 분석

애프터 코로나 비즈니스 4.0

선원규 지음 | 18,000원

강력한 생태계를 만들어가는 플랫폼 사이에서 생존하는 콘텐츠를 발견하라!

앞으로의 미래 시장에서 살아남으려면 플랫폼과 콘텐츠 중에서 어떤 것에 중점을 두어야 할까? 이 책은 이 문제에 대해 해결점을 찾아갈 수 있도록 플랫폼과 콘텐츠를 자세히 다루고 있다. 현 사회와 플랫폼과 콘텐츠의 상관관계를 이야기하며 플랫폼과 콘텐츠 사업모델의 다양한 종류를 소개한다. 또한 어떻게 해야 강력한 플랫폼과 콘텐츠를 만들 수 있을지 그 전략을 설명하며 앞으로의 미래 시장의 전망을 다루고 있다. 이 책을 통해 수많은 콘텐츠가 유입되는 사랑받는 플랫폼, 플랫폼의 러브콜을 받는 콘텐츠를 개발할 수 있을 것이다.

탈(脫)탄소 경제 전환과 ESG 설명

2050 에너지 레볼루션

김기현, 천영호 지음 | 18,000원

혁신하는 자만이 살아남는 시대 새로운 에너지 패러다임에 맞게 변화하라!

2019년에 65개국 정상들이 지구온난화를 막기 위해 '2050년 탄소중립 달성'을 선언했다. 그리고 이 변화의 중심에는 에너지 전환이 있다. 에너지 전환은 우리의 삶이 변하는 시작점이다. 일상생활은 물론 소비와 서비스, 비즈니스 등 전반적인 활동의 모든 흐름을 바꿀 것이며, 변화되는 사업 구조 속에서 일자리의 변화와 창출 또한 새롭게 이뤄질 것이다. 다가올 에너지 전환기에 맞춰 새롭게 변해가는 사업 구조와 일자리 시장에서 혁신해야 살아남을 수 있다! 새로운 역량과 시각으로 흔들리는 세계 시장의 판도에 대비하라! 기회는 준비된 자에게 온다!

야근이 사라지는 문제해결의 기술

곽민철 지음 | 14,500원

**부서에서 인정받고 회사에서 주목하는
문제해결 전문가의 비즈니스 솔루션 스킬 공개!**

누가 봐도 좋은 스펙과 성실함을 갖추고 열심히 일했는데 왜 인정받지 못할까? 무슨 일을 하든 인정받는 저 옆 사람은 무엇이 다를까? 여기에는 바로 '문제해결력'이라는 차이가 있다! 이 책은 남들과는 다르게 문제를 파악하고 이를 새로운 시야로 해결하는 방법들을 알려준다. 더 이상 의자에 엉덩이만 붙여 머리를 싸매는 것으로 일하지 마라! 새로운 시각으로 문제를 만들고 남들이 생각하지 못한 방법으로 해결하라! 이 책을 통해 매일 재미없이 무한 반복되던 직장 생활이 새롭게 달라질 것이다.

미래 사회 보고서

유기윤, 김정옥, 김지영 지음 | 14,300원

**당신이 반드시 알아야 할 미래 도시의 모습,
그리고 다가올 미래를 지배하는 사람들!**

인공지능, 플랫폼, 사물인터넷, 가상현실, 4차 산업혁명 시대 이미 변화는 시작되었다. 미래를 향한 변화의 속도가 정신 차릴 수 없을 정도로 빠르다. 이때 미래를 어떤 사람들이 지배하게 될지, 미래 도시의 모습은 어떨지 큰 그림을 알면 무엇이 기회가 될지 알 수 있다. 저자는 이 책을 통해 현재의 기술이 미래를 어떻게 바꿀지, 나아가 우리의 삶을 어떻게 변화시킬 것인지 미리 들여다보기를 권한다. 멀지 않은 30년 후 미래 세계를 예측해보는 일은 나의 미래뿐 아니라 현재를 위해서도 반드시 필요하기 때문이다.